我
们
一
起
解
决
问
题

从战略解码到绩效落地

宋劝其 著

人民邮电出版社
北 京

图书在版编目（CIP）数据

从战略解码到绩效落地 / 宋劝其著 . -- 北京 : 人
民邮电出版社，2024. -- ISBN 978-7-115-65221-8

Ⅰ. F272.5

中国国家版本馆 CIP 数据核字第 2024PJ0979 号

内 容 提 要

战略绩效管理是以战略为导向的绩效管理系统，通过运用各种管理方法与手段，它可以把企业战略转化为企业各层级的关键绩效目标，并引导企业全员沿着正确的方向达成绩效目标。

本书主要围绕战略绩效管理认知、体系建设和体系落地三部分展开讲解，重点讲述了战略绩效管理体系的构成、落地的方法和应用的工具等，内容涵盖战略制定与战略解码、绩效指标设计与考评、绩效管控机制设计、绩效激励机制设计以及绩效文化建设等。全书内容翔实、案例丰富，没有空洞的理念，只有拿来即用的解决方案，有助于企业提高绩效管理水平，实现整体经营业绩的提升。

本书既适合广大创业者、企业中高层管理者、人力资源工作者以及对企业管理感兴趣的人士阅读，也可以作为企业相关培训的指导用书。

◆ 著　　　宋劝其
责任编辑　付微微
责任印制　彭志环

◆ 人民邮电出版社出版发行　　北京市丰台区成寿寺路 11 号
邮编 100164　　电子邮件 315@ptpress.com.cn
网址 https://www.ptpress.com.cn
涿州市般润文化传播有限公司印刷

◆ 开本：720×960　1/16
印张：15.25　　　　　　　　　　2024 年 9 月第 1 版
字数：207 千字　　　　　　　　2025 年 4 月河北第 3 次印刷

定　价：69.00 元
读者服务热线：（010）81055656　印装质量热线：（010）81055316
反盗版热线：（010）81055315

前　言

　　2024 年是我进入企业管理咨询行业第二十三个年头，我一直有个想法，就是把我二十多年来在管理咨询行业的所思所想，以及辅导企业的实践经验总结成书，把一些简单、实用且有效的绩效管理工具及实用方法整理、提炼出来，供广大创业者、企业管理者、人力资源工作者学习和使用，以帮助大家提升工作能力，同时促进企业绩效管理水平的提升。

　　在二十多年的咨询培训经历中，我接触过数千家企业，有些企业绩效管理做得很好，有些企业则做得较差，典型的一类企业是，虽然企业业务做得不错，但管理水平不高，管人和用人不得其法，人才流失严重。这类企业的管理就亟须做出变革，打破这种恶性循环。而如何帮助企业突破瓶颈，改善管理，提升整体绩效水平，是我和我的团队一直在思考的问题。我和我的团队也一直把"帮助组织和个人持续提升绩效"作为我们的使命。

　　我们都知道企业经营有两大痛点，一是战略制定和落地，**战略就是企业的"心胜"，即"先胜后战"，它是企业成功的关键。**我曾和一家世界 500 强企业的高管深度交流，他表示战略制定和落地是该企业很长一段时间的痛点和难点，而这也是他所在岗位最核心的职责。二是绩效管理如何落地战略，有些企业的绩效管理看似做得不错，实际却没有促进企业业绩增长，其主要问题就出在战略和绩效脱节上。

战略就是目标和策略，而战略解码是把战略规划的目标和策略通过工具转化为可执行的语言，同时将战略结构化、系统化，从一开始就杜绝战略模糊、缺失和存在盲点。为帮助企业做好战略规划，将战略绩效管理体系落地并形成良性循环，实现企业和个人绩效的持续提升，我编写了这本书。

本书内容主要分为三大部分：战略绩效管理认知、战略绩效管理体系建设、战略绩效管理体系落地。第 1 部分从战略绩效管理认知入手，是为了帮助企业管理者对战略、战略解码、战略绩效和绩效管理建立正确的认知，因为企业经营的成功本质上就是认知的变现，很多企业的绩效管理之所以做得不好，深层次的原因就是管理者的认知出了问题。第 2 部分主要阐述了企业应如何以战略为中心，做好目标责任机制、管控机制和激励机制的设计工作，以形成完整的"一个中心，三种机制"的战略绩效管理体系。第 3 部分则重点说明了企业应如何将战略绩效管理体系落地执行，以及如何做好变革管理，确保战略绩效管理体系在企业内部运转起来，形成良性的循环，促进企业的长远健康发展。

写书是一件辛苦但非常有意义的工作，我想把这本书奉献给广大创业者、企业中高层管理者、人力资源从业者以及所有对企业管理感兴趣的人士，希望大家能从中有所收获。

最后，我想强调一点，在我二十多年的咨询培训经历中，我发现凡是优秀的企业、优秀的人，行动力都极强，古话说："三思而行，再思可矣。"战略绩效管理体系能否在企业落地成功，行动是非常重要的，即"想好了就先干起来，再根据实际情况修正"。行动是一切成功的基石，想，得到的都是问题；干，得到的都是方法。

感谢读者朋友们阅读此书，期待和大家共同成长！

宋劝其

2024 年 5 月 1 日于上海

目　录

第 3 部分　**战略绩效管理体系落地**

01

第 1 部分

战略绩效管理认知

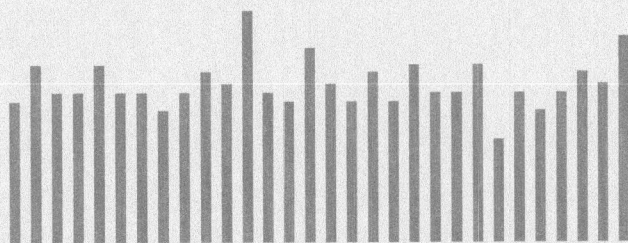

在《孟子·梁惠王上》中有这样一句话："权，然后知轻重；度，然后知长短。物皆然，心为甚。"意思是用秤称一下就知道物的轻重；用尺子量一下就知道物的长短。所有的事物都是这样，人心更是这样。优秀的战略绩效管理一定是尊重人性的管理。从人性的角度来说，任何人在工作一段时间后都想知道自己做得怎么样，做得好还是不好，哪些地方做得好，哪些地方不够好，还需要改进；谁做得更好，好在什么地方等，从而获得确定感。这种确定感可以增强员工工作的动力，让员工时刻保持工作激情，在不断为企业创造效益的同时，实现自身价值。

　　本部分主要围绕战略绩效管理认知展开讨论，重点分析了战略绩效管理的一些错误认知，以及战略绩效管理体系的构成与核心理念等；同时介绍了绩效管理工具的发展历程及发展趋势，以及目前企业常用的一些绩效管理工具。

第1章 　浅谈战略绩效管理

1.1　战略绩效管理常见的四种错误认知

认知决定行动，行动创造结果。认知错误，必然导致行动变形，结果必然难尽人意。在战略绩效管理方面，最大的问题就是认知问题。企业管理者的认知决定着企业所能达到的高度。企业经营是管理者认知的变现，很多企业经营失败，从根源上说就是管理者的认知存在问题，而很多企业的绩效管理失败，根本原因也是企业管理者对战略、对管理（包括经营管理与绩效管理）的认知出现了偏差。

在实际工作中，战略绩效管理有四种常见的错误认知：绩效只看结果，绩效只看过程，绩效是"德、能、勤"，绩效是分钱的工具。

第一种错误认知：绩效只看结果。

很多企业管理者常常跟下属讲："我不看过程只看结果，结果好就是绩效好。"这听起来没什么问题，但在工作中，只有好的结果而没有好的过程，其中可能存在很大的运气成分，如好的结果是前任打下的好基础的延续，也可能涉嫌数据造假。企业管理不能靠运气，好的结果更不能通过不合规、不合法的手段获得，否则会给企业带来"大麻烦"。

第二种错误认知：绩效只看过程。

我在二十多年的管理咨询和培训工作中遇到过不少企业管理者，他们错误地认为只要过程做好了，自然会有好的结果，这就导致企业存在一种现象，即企业的年度经营目标设定得不清晰，但却明确了经营过程中具体要做的"八件大事"或"十件大事"，因为企业管理者认为只要做好这些"大事"，企业的经营业绩自然会好。殊不知，美国一位管理大师曾说："最浪费时间的做法是出色地完成了根本就不需要做的事情。"如果只关注过程，不关注目标和方向，一旦方向错了，则后患无穷；方向错了及时停下来，积极做出调整与应对，才能止损。对企业来说，方向错了，是亏多亏少的问题；方向对了，是赚多赚少的问题。过程完美，但是没有拿到结果，是对时间、人力、物力极大的浪费。因此，好的绩效，一定是好的过程和好的结果并存，缺一不可。正如管理学之父彼得·德鲁克（Peter Drucker）所说：**"绩效是结果加过程，是结果和过程的统一体。"** 在企业经营上，绩效是利润和利润产生的过程，因为企业经营主要以盈利为目的，而企业经营的结果就是利润。

第三种错误认知：绩效是"德、能、勤"

这里的"德、能、勤"主要指员工的品行、能力和工作态度。有些企业在对员工进行绩效考核时只看重这几项，这其实也是一种错误认知。

首先说品行，员工的品行对企业来说非常重要，品行端正是企业选人、用人的重要标准。在绩效管理中，员工的品行是一项重要的考核指标，但并不能与绩效考核结果完全画等号，具体还要看员工的业绩与贡献程度等。

其次是能力，这里涉及两个问题：一是能力评价，二是能力与价值贡献的关系。目前能力评价常见的办法是评价中心技术，简单来说，就是由多个评委从多个角度，应用专业工具对某个人的一项或几项能力做综合评价。这样的评价一是主观性较强；二是效度不高，但成本却很高。另外，相较于能力，企业更应关注员工对工作的专注度，员工即使能力再强，如果不专注于工作，也无法为企业的发展做出真正有价值的贡献。

最后看工作态度，这一点如同上述的品行，其可以作为一项重要的绩效指标，但不能与绩效考核结果完全画等号。员工能否给企业带来较大的价值贡献，工作态度只是一方面，如果员工的工作能力不够、工作方法不对、工作方向有偏差，即使其工作态度再好，如每天按时上下班，不迟到、不早退、不随意请假等，对企业的价值贡献也不大。

第四种错误认知：绩效是分钱的工具。

绩效是分钱的工具，这样的理解是不全面的。对企业经营而言，绩效首先是价值创造即赚钱的工具，其次是价值评价的工具，最后才是价值分配即分钱的工具。它只是企业经营循环中的一个环节，在企业经营中，价值创造和价值评价才是非常重要的部分，没有价值创造就没有可分配的价值，而没有价值，评价与分配就没有依据，没有依据的价值分配会严重损害价值创造的可持续性。

1.2　绩效是打胜仗的学问

绩效这一概念是由彼得·德鲁克提出的，他认为绩效可以反映出目标完成的情况，即工作目标有没有完成，工作目标完成的质量如何等。品行、能力、工作态度、学历、经验等是绩效的影响因素，它们只会影响绩效的达成，而非绩效本身。我们首先要管理和考核的对象是绩效，其次才是思考如何管理好这些影响因素。

1.2.1 绩效的逻辑

彼得·德鲁克认为绩效既包含结果也包含过程（见图 1-1），这也是绩效的逻辑。在德鲁克看来，没有过程的好结果是无法复制的，既无法在下个季度、下个年度复制，也无法在其他部门和个人身上复制；没有过程的坏结果是无法规避的，最终，企业将找不到成功或失败的关键因素。**真正的成功是过程和结果并存的，企业只有找到成功和失败的关键因素，明白如何做是对的、如何做是错的，才能够复制成功、规避失败。**想到、算到、计划到、做到，一切经营活动全都在企业的掌控之中，企业才能有良好的发展。因此，企业既要对绩效的结果进行管理，也要对绩效的过程进行管理。对结果进行管理，必须先

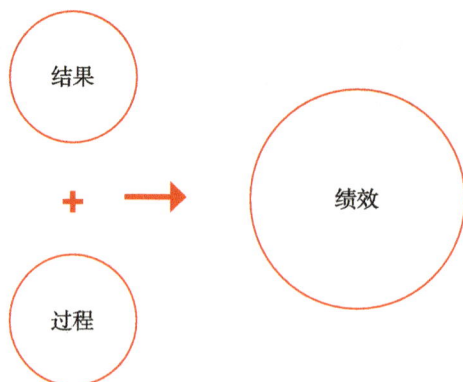

图 1-1　绩效的逻辑

明确目标，即想要什么样的结果；对过程进行管理，要确保目标能达成，而且成功是可以复制的。

1.2.2　制订计划的重要性

所有的目标都是通过行动达成的。为了达成目标，我们要做什么？在什么时间做？做到什么程度？这就是计划。可见，计划在绩效管理中有着举足轻重的地位，制订计划是绩效管理的重要组成部分，彼得·德鲁克曾说：**"不能计划或者没有计划，就等于正在计划失败。"**

计划在战场上有着非常重要的作用，将军领兵打仗，从表面上看打赢了一次，实际上最少打赢了三次：第一次赢在心里，叫"心胜"，也叫"先胜"；第二次赢在纸上或沙盘上，叫"图胜"；第三次才是赢在战场上，叫"战胜"。《孙子兵法》中关于战略的核心原则是**"胜兵先胜而后求战"**，说的就是善打胜仗的军队，总是在心里、在沙盘上打赢敌人之后再投入战斗，即先创造胜利的有利条件，然后才投入战斗。总体来说，"心胜"是在心里把打胜仗的过程模拟一遍，"图胜"是把打胜仗的过程在纸上或图上画出来，"战胜"是到现实的战场上去争取胜利。

商场如战场，企业经营也存在"心胜""图胜""战胜"三步法："心胜"是经营者先在心里把企业下一阶段达成目标的过程模拟一遍；"图胜"则是绘制战略地图，把达成目标的过程在图上仿真过一遍，做到心中有数；然后再争取"战胜"，最终达成目标。

有了计划之后，接下来就要执行计划，将计划落地。企业在执行计划的过程中，会存在很多不确定因素，这些因素会让员工陷入模糊、纠结、犹豫、迷茫的状态中，从而数倍消耗员工的精力。员工在这种状态下执行计划任务，是不可能坚决和彻底的，如果一个团队中的所有成员都是这种状态，那么这个团队就不会有士气，一个没有士气的团队是不可能做出成绩的。

企业实施计划管理有两大核心目的：一是消除不确定因素，确保团队始终向着目标前进，不跑偏，保持战略定力；二是确保员工在达成目标的过程中得到成长。为了达成这两个目的，企业要做三个动作：**检查、反馈和辅导**。检查和反馈的价值在于消除员工个人及整个团队执行计划过程中的不确定因素；辅导的价值在于助力员工成长，帮助员工提升认知、转变态度、掌握工作方法、提升个人技能、解决工作中的难题等。

1.2.3 通过绩效考核确认目标完成情况

根据二十多年从事管理咨询和企业辅导的经验，我发现通常员工人数在20人以下的企业，经营者可以凭经验对员工进行管理，但若人数超过20人，凭经验管理就比较吃力了，不少环节会因企业经营者疏于管理而引发风险，甚至造成损失。早在1840年到1910年，西方很多企业就遇到过类似的问题，当时一些专家、学者对企业如何管理好员工展开了研究，也出现了很多研究成果，较为知名的是弗雷德里克·泰勒（Frederick Taylor）的"科学管理"，绩效考核就是在这个背景下产生的。

企业实施绩效考核的主要目的是确认目标完成情况，考核结果可为员工绩效激励（如奖罚、淘汰、培训、晋升等）提供重要依据。

绝大多数企业做不好绩效管理的主要原因在于它们只重视绩效考核，对于目标、计划和绩效实施这三项工作，做得非常"简陋"，甚至根本就没有做。这样的绩效考核如同"秋后算账"，效果自然不好。高效的绩效管理应该**重管理、轻考核**：重管理是指企业要重视目标、计划、检查、反馈、辅导、复盘改进等管理动作；轻考核是指企业不要把主要精力放在考核打分上，应简化和弱化打分环节。

需要注意的是，**轻考核不是没有考核，绩效考核作为绩效管理闭环中的重要一环，是不可或缺的，缺少了绩效考核，绩效管理循环就不完整，无法闭环**。没有绩效考核，绩效激励和价值分配就没有科学的依据，很多企业投入大量成本做股权激励却没有效果，其中一个重要的原因就是绩效考核太主观，或者根本就没有绩效考核。任正非曾表示，不管是对管理者还是员工，绩效考核都非常重要。有些员工会觉得绩效考核带有强制性，如果没有绩效考核，他们的工作效率会更高，但人是容易怠惰的，当人们在一种适当的压力和紧张状态下工作时，会产生更好的效果。

1.2.4　通过激励提高员工绩效

绩效考核结束后，企业应该根据考核结果对表现优秀的员工予以激励。有效的激励可以调动员工的工作积极性，鼓舞团队士气，从而提高企业整体绩效。常见的绩效激励方式分为两种：外在激励和内在激励。一切与物质有关的激励都属于外在激励，也就是我们常讲的"身外之物"，它包括工资、奖金、股权期权、福利、职级与职位晋升等。内在激励则跟工作紧密相关，是工作的附属物，即工作本身带给员工的成就感、价值感、满足感、愉悦感等。

1.2.5　做好复盘改进工作

某位企业家曾和我讲过一件事，他的企业有一个质量经理的岗位，该岗位已多次换人，因为每次招聘进来的人都难以达到岗位要求，这些人的绩效考核总是不合格，从而被降薪、罚钱，连续几次后就离职了，后面企业也很难招到合适的人员。我认为，造成这种情况的主要原因在于该企业的绩效管理制度存在问题，对于绩效考核不合格这样的结果，企业只是一味地惩罚责任人，而没有去复盘。这种情况下，企业最应该做的是通过复盘来分析质量经理绩效考核不合格，即没有达成绩效目标的原因，看是个人的原因，还是企业的原因。如果是个人没做好，要进一步分析是其工作能力不足，无法胜任该岗位，还是在工作中遇到了困难；如果多次换人都不行，均无法达成绩效目标，那就要考虑企业的绩效管理制度是否存在问题，如绩效目标制定不合理、过程监督与帮扶不到位等。可以说，复盘就是人们把原来走过的路重新在大脑里走一遍，去反思自己当初的行动是对还是错，有效性如何，从而确定是否继续走下去。

复盘为绩效反馈及改进提供了非常好的素材。绩效面谈是绩效反馈的一种主要方式，通过绩效面谈，企业可以与员工就整个绩效周期的考核结果达成一致，帮助员工强化自身的优势，同时促使其改进不足。因此可以说，复盘改进是绩效管理的最后一个环节，也是绩效管理循环（见图1-2）的重要组成部分，起到承上启下的作用。

"评功、行赏、打胜仗"是建设优秀团队的七字要诀。绩效管理中的定目标、做计划、实施辅导就是为了"打胜仗"，即达成业务目标，为企业和社会创造价值；绩效考核环节就是"评功"，即价值评价；绩效激励则是"行赏"，即价值分配。其中，"行赏"是企业持续发展的动力源泉，企业只有将公平公

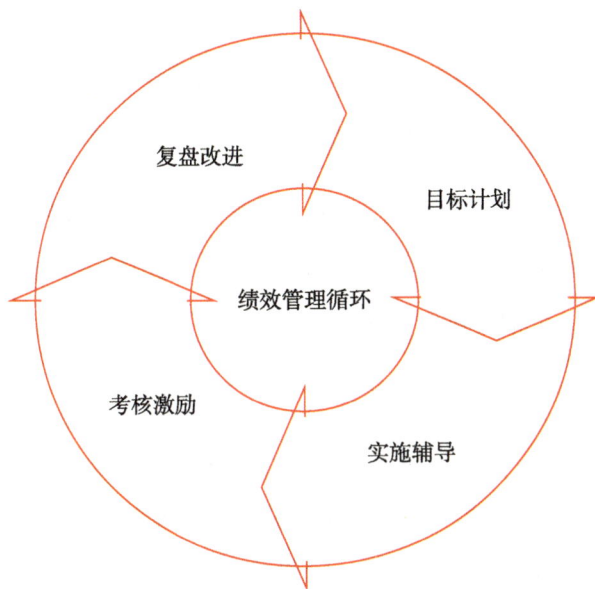

图 1-2　绩效管理循环

正的绩效考核结果作为行赏依据，才能推行好绩效管理制度；否则，团队就会死气沉沉，企业难以长期持续发展，甚至可能"夭折"。

总之，正如著名企业家、通用电气集团原 CEO 杰克·韦尔奇（Jack Welch）所说："绩效管理是企业经营和管理最有效的手段。"

1.2.6　认识战略地图

世界知名杂志《财富》的一项调查显示：超过 80% 的 CEO 都认为成功执行战略远比制定战略难得多，能够同时做好战略制定和战略落地的企业不超过 10%，战略落地失败的企业高达 70%。阿里巴巴公司的管理层有个观点：**一个三流的战略和一流的执行，远胜过一流的战略和三流的执行**。很多企业经营者错误地认为只要制定好战略，就可以让企业在竞争中保持不败。但实际上，仅制定好战略不能帮企业获得成功，关键要看战略能否落地执行。多数情况下，企业经营失败的真正原因不是战略没有制定好，而是落地执行不到位。

战略绩效管理就是先澄清和明确企业战略，接着解码战略，然后将战略目标分解并落实到绩效目标与计划中，通过绩效管理循环来落地企业战略，达成企业的战略目标，同时促进团队成长。

什么是企业战略？我们要看企业把主要的人、财、物、信息等资源投入了哪里，这些核心资源投入哪里，哪里就是企业的战略着力点。就像华为公司成立了新十大军团，用 5G 技术赋能重点行业，这就是华为公司的重要战略。有些企业的战略是典型的无意识战略。所谓无意识战略，是指企业每年投入很多人、财、物、信息等资源，却不清楚这些资源投入是为了达成哪个重要目标，甚至有的企业的资源投入哪里，要看高层人员争取资源的能力，谁争取资源的能力强，谁获取的资源就多。

企业开展战略绩效管理，需要先澄清战略，这也是为了更好地解决战略模糊、缺失等问题，消除战略落地执行的盲点。通过澄清战略，企业可以把战略明确地提出来，将企业战略结构化、系统化，为企业战略落地执行打下基础。企业只有明确战略并达成共识，才能统一战略方向和目标，让所有员工心往一处想，劲往一处使，确保企业的战略定力和向心力；同时，只有明确了企业战略，经营者才有合理分配企业中人、财、物、信息等核心资源的依据。

战略地图是澄清战略和解码战略非常有效的一种工具，它是由哈佛大学商学院的罗伯特·卡普兰（Robert Kaplan）教授与咨询公司总裁戴维·诺顿（David Norton）合作开发的。战略地图推出之后迅速在全世界众多企业中得到应用，其基本逻辑如图 1-3 所示。

图 1-3　战略地图的基本逻辑

实务中很多企业的战略目标只有收入、利润等财务目标，战略地图不但有收入、利润等财务目标，更向下一个层面思考收入和利润会从哪里来，客户为什么愿意跟企业合作，企业内部要做些什么才能让客户与企业达成合作关系。就像苹果公司每次推出新品，苹果产品的狂热爱好者都会排队购买，这也是苹果公司总市值超过 3 万亿美元的核心动力源泉。最后，企业要深入思考做好这些需要什么样的人才、团队和组织，需要构建什么样的信息系统等。

通过战略地图开发，企业可以把战略结构化、系统化，将战略目标及实现战略目标的策略和路径清晰地描绘出来。战略地图就像是企业的作战指挥图，它把企业接下来要走的路，先在作战指挥图和核心团队中走一遍，这就是"心胜"，也是《孙子兵法》中提到的重要作战原则——"先胜"。

　　我曾为一家芯片公司提供过咨询服务，这家公司核心价值观的第一条就是"以客户为本，客户第一"，公司的主要战略是大力开拓市场。但在咨询服务过程中，我发现该公司很多部门的工作都是以自我为中心，例如，销售部希望研发部根据客户的需求调整和优化产品，研发部认为新产品研发进度紧张，根本没有时间做老产品优化；销售部根据客户的要求，希望供应链部门配合客户的采购和生产进度，供应链部门则强调因库存成本和原材料价格波动，很难配合。最终，无论是以客户为本，还是大力开拓市场，都成了一句空话。公司的整体经营效率也很低，各部门怨声载道。这就是典型的企业未实施战略绩效管理所导致的部门和个人的目标没有与企业目标对齐，各部门的目标方向不一致，甚至互相矛盾，从而造成了巨大的企业内耗。在绩效考核方面，可能会出现部门绩效考核分数高，但企业整体业绩没有明显提升的情况。企业战略绩效管理的价值如下图所示。

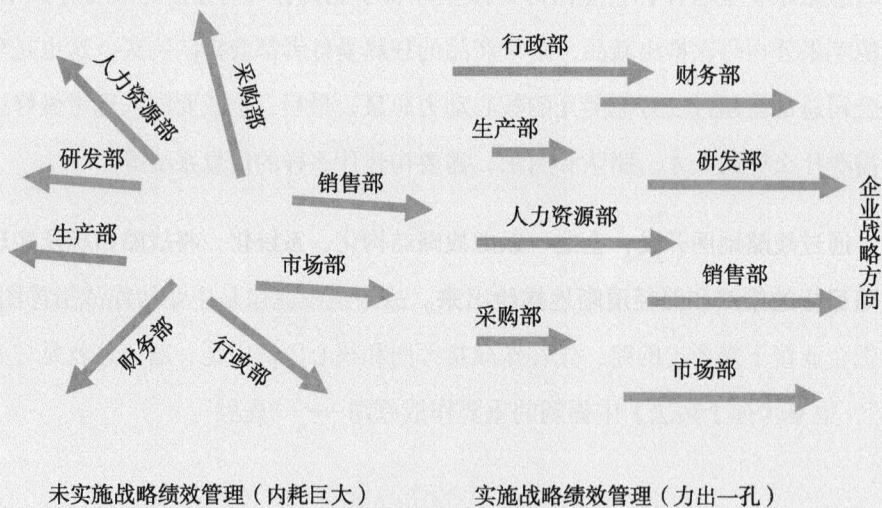

未实施战略绩效管理（内耗巨大）　　实施战略绩效管理（力出一孔）

战略绩效管理价值图

1.3　战略绩效管理体系的构成

　　战略绩效管理体系主要涉及三个系统，分别是由使命、愿景、战略目标及目标责任机制构成的**使命目标系统**，由绩效管理循环构成的绩效**运行系统**和由绩效文化构成的**文化系统**。我们可以把战略绩效管理体系比喻为一辆汽车（见图 1-4，图的上部和中部为车身、车轮，下部为高速公路），汽车在高速公路上可以快速行驶，而在泥泞或凹凸不平的路上，行驶速度会较慢，甚至可能抛锚。绩效文化就充当了企业经营的高速公路的角色，为企业创造适合战略绩效管理体系生长、发展及形成良性循环的氛围和环境。

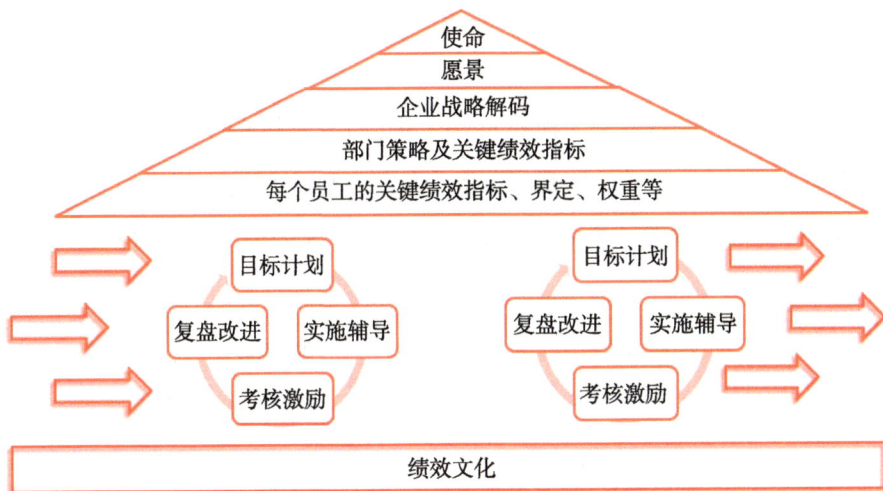

图 1-4　战略绩效管理体系

　　战略绩效管理体系的核心思想是持续改进，持续改进的前提是绩效管理循环运转起来，**没有绩效管理循环就没有持续改进**，如果不能持续改进，剩下的都是人治的改进，是靠人推动的，这样的改进不能持久。有了绩效管理循环，每次循环到复盘改进阶段，哪怕只改进一个问题点，一直循环往复，形成习惯，最终也将形成优秀的企业绩效文化。

战略绩效管理体系的内容可以总结为**"一个中心，三种机制"**。一个中心即以企业战略为中心。三种机制包括目标责任机制、管控机制和激励机制：目标责任机制确保了每个人目标清晰、责任明确，并且个人目标与企业的战略方向和目标对齐；管控机制为企业的运行保驾护航，让企业的经营活动可控、能控、在控，一切经营活动尽在企业掌控之中，让企业保持战略定力；激励机制则让员工、团队和组织充满活力、动力与激情。

1.3.1　一个中心：以企业战略为中心

企业实施战略绩效管理，需要先对战略进行澄清和解码，然后绘制战略地图，确定战略目标，并将战略目标分解为各部门和员工个人的绩效目标，形成目标管理卡，部门负责人和员工要根据部门及个人的绩效目标编制行动计划表。行动计划的落实，需要一定的人、财、物、信息等资源的支持，这就需要企业的经营预算系统提供资源保障，预算应与企业的战略、目标，以及为达成战略目标而采取的行动完美契合，让企业花的每一分钱都能助力战略目标的达成，大幅度提升企业资金和资源的使用效率。

战略地图、目标管理卡、行动计划表和经营预算的联动（见图1-5），使企业实现了图、卡、表、算一体化，牵引员工的工作行动，确保了企业战略落地及战略目标的达成，同时促进了团队和员工成长。

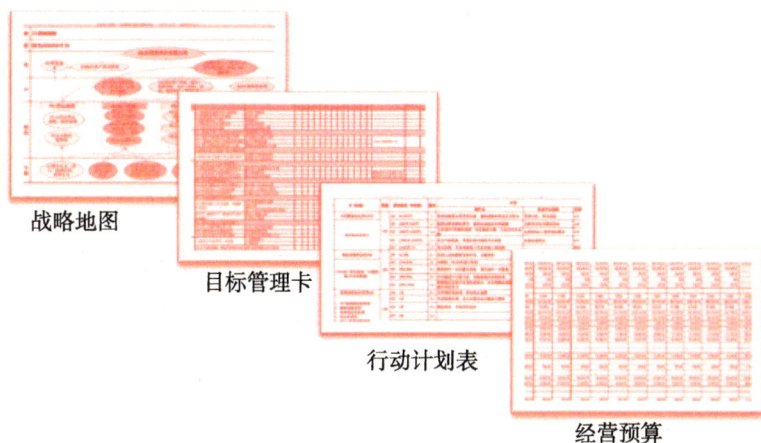

战略地图

目标管理卡

行动计划表

经营预算

图 1-5　战略地图、目标管理卡、行动计划表和经营预算的联动

企业战略绩效管理体系是一种高效的企业经营体系，战略目标来源于企业的使命和愿景，以及企业对所处的内外部环境的系统洞察。由于企业经营是以战略为中心开展的，因此我们称之为**"一个中心"**，而战略目标就像驾驶汽车想要到达的目的地，无论走哪条路线，都是以目的地为终点的。

1.3.2　三种机制：目标责任机制、管控机制和激励机制

对于战略绩效管理，企业应做好以下几方面的工作。

首先，企业应将战略目标层层分解到高层、中层和基层，让每一个员工都有目标，目标就是员工当下最大的责任，然后形成"千斤重担众人挑，人人肩上有指标"的局面，这就是企业的**目标责任机制**。如果一家企业有 100 个人，其中 99 个人都有目标，只有 1 个人没有目标，而企业战略目标的达成只需要这 99 个人，那 1 个没有目标的人对企业来说就是可有可无的，他的存在对企

业没有任何价值。因此，我们常讲，**没有目标就没有价值，你达成的目标就是你对企业的价值**。

其次，当每个员工都有自己的目标，并根据目标制订了行动计划后，为确保员工在执行目标任务的过程中不"跑偏"，或者在员工跑偏后能及时纠正过来，企业需要对员工执行目标任务的过程进行管控。如果没有管控，员工可能会在执行目标任务的过程中跑偏且不自知，或者没有足够的定力达成目标，这时企业经营就可能会失控，如同在驾驶汽车的过程中方向盘失灵一样。企业结合自身实际情况设计的有效的管控措施和手段的集合，就是**管控机制**，其适用于战略目标执行的过程管理。缺少管控机制，企业可能会出现团队"一管就死，一放就乱"的情况。

最后，企业应根据各级目标的达成情况进行绩效考核和激励，激励措施包括发放股权、期权、奖金，加薪，升职，评优等。这种结合企业实际情况设计的激励组合，就是企业的**激励机制**。激励机制可以确保团队有足够的激情、动力和意愿跟着企业一直走下去，它就像汽车的动力系统，强劲的动力会有强烈的"推背感"，从而激活组织和个人，使企业管理者和员工充满"动力"。

1.4 战略绩效管理的核心理念

我曾请教过一位武术大师，为什么武术招式是一样的，但不同的人出招后给对手造成的伤害却完全不一样，武术大师回答："**练武不练功，到头一场空。**"企业管理也一样，看起来每个企业都有严格的管理制度，甚至管理的

"招式""步骤"完全一样，但有些企业的管理效果好，有些企业则管理混乱，其主要原因就在于企业没有"练功"。管理上的练功就是对管理招式、管理动作背后的思想和核心理念的洞悉与理解，对核心理念理解得越到位，企业的管理动作就越规范，管理效果也越好，反之则徒劳无功。因此，**企业在战略绩效管理上要先有理念，再有行动，理念不对，一切白费。**

企业战略绩效管理的核心理念可总结为如下七条。

1.4.1 管理就是借力，通过别人达成目标

哈佛商学院流传着一句话："通过别人达成目标。"我国一些知名企业家也在公开场合反复提到过管理就是"借力"，可见，无论是东方还是西方，无论是做学术还是做管理实践，大家对管理本质的理解几乎是一致的。既然管理是通过别人达成目标，那么作为企业管理者，必须先设定好自己和下属的目标。彼得·德鲁克曾说：**"为自己和下属设定目标是管理者最主要的职责。"**当然，仅仅设定目标是远远不够的，管理者还要与下属达成共识，在计划、执行等环节做好护航，确保目标达成；在考核、激励和复盘环节执行到位，确保下属的能力得到提升。我遇到过很多管理者，他们虽然能很好地达成目标，但很累，原因在于他们的目标多是自己去达成的，而不是通过下属达成。这样的管理者，其实不能称之为管理者，可以称之为"实干家"，他们自己很累，下属却很闲；他们总是走下属的路，让下属无路可走。这些人看似很能干，能力很强，但他们强的其实是业务能力而非管理能力，在一个企业中，管理者最需要具备的是管理能力。

1.4.2　没有标准就没有管理

近期我辅导了一家制造业企业，交期一直是这家企业的老大难问题，我在深入分析这家企业的交期问题时发现，该企业的生产计划总是被打乱，要么是企业负责人直接打电话给生产经理，要求生产部根据客户的需求向前调整生产计划；要么是销售副总经理或销售员打电话要求生产经理插个单。久而久之，这家企业的生产计划成了一团乱麻，生产经理常说计划赶不上变化。从表面上看，这家企业的交期问题是因生产计划制订得不合理和管理混乱造成的，但通过深挖会发现，造成这种局面的实质是客户分层分类及对应的标准存在问题。如果这家企业有非常清晰的客户分类及对应标准，那么在制订生产计划时，按照时间顺序和客户类别综合考虑生产进度即可。不符合标准的客户与订单，不管谁打招呼，交期都不能提前。只有这样，企业的生产计划管理才能逐步规范。

任何工作如果没有标准，企业就无法进行管理，即使对差旅费、招待费领用与报销这些细节问题的管理，也需要有相应的标准。

罗伯特·卡普兰教授曾说："如果你不能衡量，就不能管理。"彼得·德鲁克也讲过："你不能管理你无法衡量的。"总之，管理任何事情都必须先对其进行衡量。那么，如何衡量呢？最好的办法就是量化标准，即**能量化尽量量化，不能量化要具体化**。无论是量化还是具体化，都是一种衡量标准。

1.4.3　员工的工作习惯也需要培养

人在不同的制度下必然会有不同的反应，员工的工作习惯也是需要培养的。例如，月初人力资源部总会催各个部门负责人提交上月的绩效考核表，但总有部门催了很多次也不能按时提交，这时没有经验的人力资源部负责人就会感到厌烦，不停地抱怨这些部门的绩效考核表总是交不全。而有经验的人力资源部负责人会提出明确的要求，如每月 8 日前必须交，如果不交，会耽误绩效奖金的核算，公司不能因为某一个部门而延发所有人员的薪酬，因此，凡是 8 日没有提交绩效考核表的部门，当月只发基本工资，绩效奖金在收到绩效考核表后的下个月发放。坚持执行这个规定，各部门就会养成按时提交绩效考核表的好习惯。当然，人力资源部自身也要严格执行这个规定，如果某部门经理 9 日才把绩效考核表交上来，人力资源部负责人加个班在 10 号把所有的薪酬都计算好并发放下去，下个月也许会有更多的部门延交。

1.4.4　管人靠考核，管理是严肃的爱

实务中会有这样的企业总经理，其花了很大工夫招来一位管理人员，然后告诉对方，你去管理哪些部门或哪些人，但却没有把这些部门和人员的考核权授权给他。一旦公司经营出现问题，或部门管理混乱，总经理就会说"你怎么管的""你为什么不去管"等。考核权是管理人员所有权利中最重要的一项权力，没有考核权或没有评价权，再高明的管理者也难以管理好团队。当然，这里的考核权不仅指书面上考核打分这一项权利。有些部门负责人将本部门已打好分的绩效考核表提交到人力资源部或者总经理办公室后，分数会被改得乱七八糟；也有的企业虽然部门负责人有考核权，但最后员工的评优、奖金、晋

升等不与此直接挂钩，甚至没有关系；更有甚者，总经理在工作中下达目标或任务时"一竿子插到底"，直接给到员工，员工的评优、奖金发放和晋升等，也是总经理一人说了算。这些情形下，部门负责人其实是没有真正的考核权的，他们在这样的环境里很难管理好团队和下属。

根据哈佛大学的调查研究，能够真正做好自我管理，真正做到自律的人只有 3%，也就是还有 97% 的人是无法自觉管理好自己的。我们应该承认，人是有惰性的，人都有舒适区，在没有外力的情况下，绝大多数人会躲在自己的舒适区里。在企业中，如果员工一直躲在自己的舒适区里，是无法进步和成长的，绩效管理这时就起到外力的作用，通过管理让员工明确自己的目标，使员工的行动计划更清晰，同时通过上级的检查、辅导与考核找出员工工作中存在的问题，并不断复盘和改进，让员工持续进步。在这一过程中，企业通过对员工严格的管理，帮助员工不断进步和提升。因此可以说，企业实施绩效管理是对员工最大的爱，即爱谁就考核谁，用较高的目标、标准和要求去引导他，用检查和辅导去帮助他，用绩效去考核他，用复盘和改进去提升他，让员工形成自己的良性发展循环，帮助其持续进步和成长。

谷歌公司在制定工作目标时，特别强调目标必须让管理者自己和下属感到"难过""不舒服"。很多企业家也说过类似的话："企业在管理上必须施加压力，施加压力就是要有点苦味，让人感觉力不从心，有点紧张。如果管理让人感觉轻轻松松，舒舒服服，目标轻而易举就达成了，这样的管理力度肯定不够。"阿里巴巴公司认为实施绩效管理是为了"人的成长和发展"，人在舒适区内难以快速成长和有所发展，如果你能在工作中突破舒适区，并且感到有压力，那说明你已经走在成长的道路上了！

1.4.5　沟通是绩效管理的灵魂

沃尔玛的创始人山姆·沃尔顿（Sam Walton）说过："管理就是沟通，沟通，再沟通。"企业应将沟通贯穿于战略绩效管理的全过程，没有沟通的绩效管理，会变成没有灵魂的"行尸走肉"，仅有形式而没有实质。实务中很多企业的绩效管理最终都沦为了"认认真真走形式"，更有甚者连形式都没有认真走，而造成这种现象的主要原因就是企业各部门、上下级之间没有沟通，或者沟通的质量太低。

企业战略需要各部门达成共识，无论是战略本身，还是战略制定的过程，都需要各部门负责人（企业高层团队）充分沟通，最终达成共识，这样大家才能一条心，朝着共同的战略目标努力前行。

在部门任务目标和计划制定阶段，各部门、上下级人员在目标、计划、资源等方面要充分沟通，并达成共识。部门员工要主动将个人目标与企业目标、部门目标对齐。如果员工的个人目标与企业和部门的目标不一致，员工再累、再辛苦也是在做无用功。

在实施辅导阶段，部门负责人要与本部门员工多沟通，保证员工的工作按照计划开展，必要时可进行优化和调整。一些优秀的企业，会要求部门负责人不仅了解员工的工作目标完成情况，更要了解员工的工作计划开展情况，这就需要部门负责人做好与员工的沟通工作。

在考核阶段，针对员工的成绩和不足等，部门负责人与员工要达成共识，并做好复盘改进工作。复盘和改进本身就是一个通过上下级充分沟通，明确不足并制订和执行改进计划的过程。也有企业把绩效沟通仅理解为绩效考核后的绩效面谈，这是对绩效沟通的片面理解，在实践中，仅这样做是远远不够的。

1.4.6　所有目标都是通过行动实现的

我在读研究生的时候，有一天中午，我和几个同学坐在教学楼前的大草坪上闲聊，远处坐着一位很漂亮、很有气质的女生，我们的目光都被这位女生吸引了。刚开始大家只是远远地看，并没有行动，过了一会儿，其中一位男生站起身走过去，和那位女生聊了起来，后来听说他们谈恋爱了。这位男生和其他同学的差别就在于一个行动：走过去主动认识女方。二十年后，这位男同学成了我们班上事业最成功的同学。因此可以看出，无论是恋爱、婚姻还是事业，行动力都是成功最重要的因素。

所有的理想、目标都需要通过行动才能达成。在企业家（以下称为学员）培训课堂上，我经常会和学员们一起做一个游戏：

我先请一位主动参与游戏的学员走出课堂，然后在课堂上设计一个任务，再请这位学员进来，告诉他有个神秘的任务需要他去完成，但是所有人都不会告诉他是什么任务。游戏开始后，这位学员不能说话，只能行动，其他学员注意看他的行动，如果方向正确，就对他说"yes"；如果方向错误，就对他说"no"。除了"yes"和"no"，其他什么话都不能说，也不能有手势和眼神，限时五分钟完成任务。

在游戏开始前，几乎所有学员都认为这是个不可能完成的任务，但实际情况却是，几乎每位参与游戏的学员都能完成任务，而且超过80%的学员可以在3分钟内完成。看似不可能完成的任务，实际却都完成了，这给学员们带来了不小的震撼。

通过这个游戏不难看出，很多时候，行动比目标更重要。有了目标而没有行动，目标不可能自动实现，这样的目标最后会沦为空想；目标不明确或不清晰，但是有行动，我们可以在行动的过程中不断去思考，不断用行动去探索、去试错，这时目标会逐步清晰，方向会逐渐明确，我们终将找到达成目标最直接的途径和最有效的办法。

战略是企业最大的目标，很多企业家都感叹真正的好战略是实践和试错试出来的。知名企业家段永平先生常讲的"敢为天下后，后中争先"则是对这一观点更高维度的思考。

绩效管理不仅强调行动，更强调有价值的行动。人们在每天的日常工作中会做很多事，这些事情都有价值吗？管理心理学中有一个定律："**每件小事都有影响力。**"意思是说，你做的每件事都有影响力，要么是正的影响力，要么是负的影响力。我们将这个定律引用到日常工作中，就是员工每天做的事，要么是在帮助企业，要么是在伤害企业。企业管理者可以做一个 ABC 管理表（见表1-1），对自己或下属完成任务的情况做个分析，看看哪些具有正面价值，哪些具有负面价值，然后停止负面价值的事务，增加正面价值的事务，以此来提升团队的整体工作效率。

表 1-1　ABC 管理表

| 目标 1：＿＿＿＿＿＿＿＿　　完成进度：＿＿＿＿＿＿＿＿＿＿ |
| 目标 2：＿＿＿＿＿＿＿＿　　完成进度：＿＿＿＿＿＿＿＿＿＿ |
| 目标 3：＿＿＿＿＿＿＿＿　　完成进度：＿＿＿＿＿＿＿＿＿＿ |

编号	任务	起止时间	类别
1	拜访客户	9:30—11:00	A
2	收集分析资料	14:00—15:30	B
3	美化表单	17:00—17:30	C
4	……		

注：A——直接完成目标，很有价值；B——间接完成目标，有一些价值；C——不能完成目标，没有价值

对于个人来说，你行动得越多，你的行动力就越强；你做的事越有价值，你的能力就越强，个人的价值也越大。一个人成长最快的方式就是多做有价值、有挑战性的事，做难且有价值的事，制定并达成有挑战性的目标。

1.4.7　市场是公平的，制度也是公平的

我曾服务过一家企业，这家企业的销售部门与生产部门（工厂）有很深的矛盾，销售人员说工厂总不能按时交货，工厂却有一大堆不能按时交货的理由，总之交不出货不是工厂的问题。如何解决这个问题，我们咨询团队最初也很纠结，最后我提出市场是公平的，建议企业做出变革，把自己的工厂和其他三家外协工厂放在同一条起跑线上，生产任务由四家工厂竞标，谁交期有保障，谁质量稳定，谁的订单多；谁成本低，谁就挣钱多。实施变革后，该企业工厂的生产效率和工作人员的工作态度有了非常大的改变，工厂开始把销售部门当作自己的客户来看待。

市场，特别是经过多年打磨和沉淀的市场对买卖双方都是公平的。在企业内部，你的下游及服务对象就是你的客户，如果你的服务质量和效率没有市场上的好，那就是你的问题。激励有时候也一样，到底给多少，在各部门之间如何平衡呢？首先要看市场，在薪酬管理上，如果薪酬水平处于50分位线，即比市面上50%的企业高，可以将其理解为处于市场水平；若高于75分位线，即比市场上75%的企业高，可以将其理解为高于市场水平；若高于90分位线，即比市场上90%的企业高，可以将其理解为远高于市场水平。其次要看企业制度，企业制度是企业和员工之间的双向承诺。制度对每个人来说都是公

平的。作为企业的负责人，更要遵守制度，绝不能带头破坏制度，否则既破坏了自己的诚信形象，也严重破坏了制度的公平性。某知名企业创始人就常说："不要听我怎么说，要看制度怎么写的。"

1.5　企业推行战略绩效管理的意义

企业推行战略绩效管理主要有几方面的意义，包括解放企业负责人、为战略目标的达成奠定基础、成就员工、改善企业管理现状、持续提升企业执行力等。

1.5.1　解放企业负责人

推行战略绩效管理，可以帮助企业逐步形成一套契合自身实际且能自动化运转的经营管理体系，让企业经营实现自动化的高效运转，从而最大限度地把企业负责人从日常繁杂的事务性工作中解放出来，让其有更多的时间去思考企业的战略议题。企业负责人带领高层团队确定好战略，做好战略澄清和战略解码，并将战略目标分解落实到相关部门和人员后，就进入到制订目标计划、实施辅导、考核激励、复盘改进的自动循环中，企业管理部或人力资源部负责战略绩效管理体系的运转维护、日常监督、优化升级等工作。

战略绩效管理的推行与实施，可以帮助企业从绿皮火车时代迈进高铁时代，绿皮火车时代的核心是"火车跑得快，全靠车头带"，但车头再怎么努力，也远远赶不上高铁的速度。高铁的先进之处在于，每节车厢都能为其提供前进的动力。类比到企业，实施了战略绩效管理的企业，每个员工就像高铁的每一节车厢一样，均能为企业的发展提供动力，使企业整体就像一列高速行驶的高铁列车，高效且稳健地前行，这时的车头只需要指示前进的方向即可。

有一家连锁企业，在实施战略绩效管理之前，大部分门店的销售业绩都很惨淡。很多店员在营业时间内刷手机，看短视频，即使有顾客进店，店员的目光也离不开手机屏幕，业绩可想而知。实施战略绩效管理后，企业给所有门店和店员都分配了目标任务（如月销售额要达到多少），为了完成目标任务，无论是门店店长还是店员，都非常努力地工作，热情接待每一位顾客，为顾客提供真挚服务，每个人都在为门店的业绩提升提供动力，所有门店都进入到制订目标计划、实施辅导、考核激励、复盘改进的自动循环中，销售业绩有了明显提升，有些门店的销售业绩甚至同比提升了 600%。

1.5.2　为战略目标的达成奠定基础

战略绩效管理为企业战略目标的达成奠定了基础。它可以帮助企业澄清战略，解码战略，并将战略分解、落实到每个部门和员工的具体行动中，管控战略的执行过程，确保执行方向不跑偏。通过战略澄清和战略解码，企业可以做到以下两点。

（1）将战略结构化、系统化，避免战略目标一开始就"出错"，带有"先天畸形"。常见的战略目标畸形有目标制定得远离市场、没有依据，如市场只有 5 亿的量，企业却将目标定为 18 亿；或目标"上下不一致"，如企业重点推的产品，销售部门不愿意卖，采购、生产与销售目标不一致等。

（2）确保战略目标和实现路径在企业管理层中达成一致，战略目标分解、下达到每一个部门和员工，形成企业目标责任机制，明确每个人在企业战略目标达成过程中的位置、价值和责任，同时，企业要对目标任务的执行过程进行管控，及时总结经验和教训。在目标任务执行过程中，管理层如发现初期的战略目标和实现路径不正确，要及时改进与完善，以确保企业这艘大船始终行驶在正确的航向上。

1.5.3 　成就员工

有些企业管理者习惯随机给员工布置任务，这种情况下，员工很少会去思考领导为什么要给我布置这个任务、我该如何做才能完成得更好、完成这个任务的目的是什么等。久而久之，员工会养成坐、等、靠、要，不动脑筋、不负责任的习惯。设想一下，某员工第一天来上班，不知道自己的工作或业绩目标是什么，只是按照领导的命令做事，领导今天布置了一个任务、明天布置了两个任务……长此以往，员工就只会按照领导的吩咐做事，领导不给任务就"放羊"。这样的管理，业绩从何而来，员工的收入又怎么提高，也许员工还会心存抱怨："我都按照领导的布置把任务完成了，为什么不发我奖金，公司业绩不好跟我有什么关系？"

企业实施战略绩效管理，就是要减少任务管理，增加目标管理，让企业由过去的以任务管理为主逐步过渡到以目标管理为主，任务管理为辅。企业管理者应与员工一起确定目标，让员工动脑筋思考如何做才能达成目标，让员工对目标的达成负责，长此以往，员工就会养成爱动脑筋、积极主动、对结果负责的工作习惯。

哈佛大学曾对 2 000 多名将要毕业的学生做过一项调查，调查的内容非常简单，只有以下两个问题：

（1）你马上要毕业了，请问你有没有目标，请选择有或没有（yes or no）；

（2）若有目标，请写下你的目标。

哈佛大学在 25 年中一直跟踪研究这批毕业生。25 年后，哈佛大学向全世界公布了这项研究成果：在这些研究对象中，当时只有约 3% 的人有长期且清晰的目标，后来这些人成了美国社会"金字塔的塔尖人士"；研究对象中约 18% 的人有短期且非常清晰的目标，如 3~5 年创办自己的牙医诊所或成为牙医诊所合伙人、3~5 年成为执业律师等，25 年后，这些人中的大部分人都成了牙医诊所合伙人或律师事务所合伙人等美国社会的上层人士；研究对象中约 67% 的人，只有一个模糊的目标，如从事销售、财务或管理等工作，25 年后，他们成了美国社会的一般人；研究对象中还有约 12% 的人，他们对第一个问题的选择是"没有（no）"，那么 25 年后他们又成了什么样的人呢？这个实验的结论也很照顾他们的情绪，原话是这样说的："他们总是处在一个工作和下一个工作之间，他们总是在抱怨。"

通过这项调查不难看出，一个人成功与否与自己有没有清晰的目标有着必然的联系。人一旦确定自己的目标后，为了达成目标，会将自己以及周边所有的资源充分调动起来。例如，当你把自己想做的事，想达成的目标告诉周围的朋友，朋友会在大脑里搜索他所能利用的资源，然后帮助你，和你一起朝着目标努力前行，长此以往，这就是战略的复利。

人的性格也许是天生的，但习惯则是后天养成的。企业实施战略绩效管理就是为了让员工养成定目标、定期检查、定期复盘的良好习惯，从而成就企业，也成就员工个人。

除了帮助员工定目标、让员工养成良好的工作习惯，企业通过实施战略绩效管理，还可以辅导员工，让员工在复盘和改进中明确不足，强化自身优势，持续提升工作能力，帮助员工不断成长。

1.5.4　改善企业管理现状

一家企业如果管理得不好，想要彻底改善，需要采取什么手段呢？最常见的做法是梳理流程，建立管理制度等，但仅做这些很难改善企业管理的现状。原因非常简单，不管是流程还是制度，制定出来容易，推行起来则较难，全靠企业经营者个人去推进，无法形成自运转，久而久之，可能会半途而废。**实施战略绩效管理是提高企业管理水平的一种有效手段，**即企业先建立战略绩效管理体系，形成绩效管理的自运转，然后把流程和制度的建设导入绩效管理的循环中，通过绩效管理循环去持续改进流程和制度，这样企业的管理就会逐步得到改善。当然，战略绩效管理在启动阶段，也需要企业领导和相关专家推动才能顺利运转起来。

靠个人去推动流程和制度的建立与优化，是人管人的管理，即"人治"，战略绩效管理可以帮助企业实现从人管人到制度管人的飞跃，彻底解决企业管理的难题，提升管理水平！通过战略绩效管理中的管控机制，企业可以不断地发现问题、解决问题，对于一些关键问题，企业可以将其作为下一个绩效管理阶段的重要考核指标。

我曾为一家互联网公司提供咨询服务，在服务过程中，我发现该公司的客户投诉较多且处理流程混乱，经过调查了解，我建议该公司把客户投诉处理流程的建立及应用，作为客户服务部门的关键绩效指标，按阶段考核。客服经理在接到绩效指标后，及时对流程进行了梳理并运转起来。如此执行一段时间后，不但该公司的客户满意度有了提高，销售额也明显增加了。

从人性的角度讲，没有人喜欢被考核和被束缚，因此绩效管理从诞生的第一天起，就披着"让人讨厌的外衣"。其实，绩效管理像极了《巴黎圣母院》中的敲钟人卡西莫多，他虽然长相丑陋，内心却十分善良。从表面上看，绩效管理重在考核，但实质重在管理。阿里巴巴公司曾用一棵根深叶茂的大树来形容绩效管理，企业经营的结果是果实，树干是绩效管理，大树根部从土壤中吸取的养分就是企业的人、财、物、信息等资源投入。绩效管理被阿里巴巴公司视作企业管理的核心即"树干"，如果没有绩效管理，水、土壤、空气、肥等再多、再好的资源也不可能让树结出丰硕的果实。

我曾服务过一家IT公司，该公司采用项目制运营模式，项目按时完成率一直不高。后来，为提高项目按时完成率，该公司考虑实施战略绩效管理。倘若只通过设定绩效考核指标来对项目按时完成率进行考核，作用是有限的。要想真正解决问题，公司还必须在项目管理上下功夫。因此，经过反复研讨，该公司提出对项目进行分类管理，根据项目的特性分为一、二、三类：一类项目必须 100% 按时完成；二类项目可以给予一定的宽限期；对于三类项目（探索性的）的按时完成率，公司不做严格考核。这样实施后，该公司的项目按时完成率从最初的 10% 提高到了 86%，项目管理的整体水平也有了明显提升。

实务中类似的例子还有很多，例如，企业要将大客户的数量作为绩效考核的内容，就必须对大客户的标准进行界定，做针对性管理，这样企业的客户管理水平才会提升；若对产品质量进行考核，就必须对产品设计及生产过程进行精细化管理，这样才有助于提升企业的整体质量管理水平。

1.5.5　持续提升企业执行力

我们可以把战略绩效管理视为企业执行力的终极解决方案。通过建立战略绩效管理体系，企业可以对战略目标进行分解，对执行过程进行跟踪和管理，对绩效结果进行复盘和改进，将绩效活动彻底融入企业日常管理中，以激励员工持续改进并最终实现个人目标及企业整体战略目标。可以说，战略绩效管理体系是优秀的企业执行力系统。

总之，执行力是实现目标的关键，而战略绩效管理就是对目标实现的过程进行管理。企业可以通过对目标实现过程的检查、辅导、复盘和改进，提升员工的能力；通过绩效考核结果的应用，奖励和晋升做得好的人，惩罚和淘汰达不到岗位要求的人。战略绩效管理体系的成功建设和实施，能确保企业实现目标，持续提升员工和企业的能力，形成强有力的企业执行力，同时持续提升企业未来的执行力。

1.6 优秀企业的绩效管理理念

1.6.1 阿里巴巴公司的绩效管理理念

阿里巴巴公司是一家优秀的企业，特别是在团队管理和企业文化方面，非常值得众多企业借鉴与学习。阿里巴巴公司很重视绩效管理，其绩效管理理念总结如下。

第一，在为什么实施绩效管理方面，该公司的理念和提法非常用心，公司认为做绩效管理有两个非常重要的目的：**一是为了人的成长和发展；二是实现公司的业务目标**。而且很长一段时间，公司只强调"人的成长与发展"，足见其用心。早在 2012 年前后，我就接触过很多阿里巴巴公司的管理人员，我发现他们思考问题的出发点都是"做这件事能不能让自己和团队获得成长与发展"。可见，这一绩效管理理念已经深入阿里巴巴公司每个人的心中，并落实在行动上。在企业管理方面，阿里巴巴公司认为**绩效管理是登山手杖而不是手铐**；在企业经营方面，阿里巴巴公司认为绩效管理是"树干"，人、财、物、信息等资源投入是"树根"，树上的果实是企业的经营成果，如果没有树干，投入再多都无法保障结果的达成，一切的资源投入都可能是浪费。

第二，如果想加薪，就要达成更高的任务目标。很多企业在做绩效管理时，会不断提高部门和个人的任务目标，从而让员工感到不满。对此，阿里巴巴公司提出：**"今天的最好表现是明天的最低要求。"** 如果员工想加薪，公司就会对员工的岗位有新的、更高的要求，任务目标自然也要提高。那些没有调薪的岗位人员，先要提升岗位的价值和作用，做到了才能加薪。

第三，重视过程管理。一些企业在绩效管理中不重视过程管理，甚至过程管理缺失，这样的绩效管理必然会失败。阿里巴巴公司提出：**没有结果的过程是无用的，没有过程的结果是垃圾。只有过程和结果都好，才能称之为成功的管理。** 阿里巴巴公司还提出为结果付费，为努力鼓掌；为结果付报酬，为过程鼓掌；欣赏有价值的失败，奖励坚持拿到结果的努力。

第四，绩效面谈的目的是回顾过去的工作，而非说教。实务中很多企业的绩效面谈都是以说教为主，通过绩效面谈对业绩一般的员工进行批评教育。阿里巴巴公司则将绩效面谈称为"review"（回顾），其绩效面谈的口诀是：**盯目标、追过程、拿结果；照镜子、给反馈、促成长。** 企业管理者只需要按照这个口诀做就可以了。在绩效面谈过程中，企业管理者要重点指出员工过去工作中存在的问题，与员工共同讨论改进措施，以帮助员工不断进步和成长。

第五，在绩效考核方面，阿里巴巴公司强调绩效考核是绩效管理的重要组成部分，各部门及人员的绩效考核标准要清晰，公司所有人员要乐于接受绩效考核，并承担一定风险。

第六，在激励方面，阿里巴巴公司强调激励的实施必须基于公司当年绩效目标全部实现。其中，**奖励要坚定不移地向优秀员工倾斜。** 阿里巴巴公司以前执行"271"绩效考核办法，即激励绩效考核优秀的20%员工，淘汰绩效考核结果差的 10% 员工，分化绩效考核结果一般的 70% 员工。现在阿里巴巴公司将"271"改成了"361"。

1.6.2　华为公司的绩效管理理念

华为公司的绩效管理理念同样值得我们学习，它引领着华为的发展，将华为从一个名不见经传的小公司发展为世界 500 强企业，成为通信行业的龙头企业。

任正非多次提到，华为公司认可的组织绩效就是要真正为客户创造价值。华为通过价值创造的关键活动来承载并帮助客户获得成功，让客户实现收益增长、利润增长、用户增长及份额增长。如果企业没有帮助客户实现这些方面的增长，那就不能算是真正的成功。

在绩效管理方面，华为公司认为**员工的业绩就是管理者的业绩，各级管理者是员工责任的最终承担者**，不断提高和改善下属的职业能力和工作业绩，是管理者不可推卸的责任。华为公司还认为对经营者而言，绩效管理首先是赚钱的工具，其次才是赚到的钱怎么分的工具。把钱分好，是价值创造、价值评价、价值分配的循环，其中价值评价是里面最为重要的一部分，而绩效管理则既是价值创造的工具，又是价值评价的工具。在华为公司看来，实施绩效管理的最终目标是**不让奉献者吃亏，要让奉献者得到合理回报，同时让偷懒的人受到惩罚**。

华为公司关注的绩效考核内容主要涉及四个方面：一是能不能多产粮食；二是能不能增加土壤肥力（为达成目标所做的储备）；三是能不能合规经营；

四是人均贡献效益是多少。华为公司的绩效目标有"四比"，即与行业比、与竞争对手比、与同事比、与历史比。公司强调**"你的注意力在哪里，你的创造力就在哪里"**，并通过绩效管理引导员工的注意力和创造力。华为公司还认为在绩效管理中，绩效指标设定非常重要，如果**绩效指标设定错误，**不仅绩效，企业的整个经营管理都将是无效的。作为企业管理者，如果你和你下属的绩效指标设定不合理（如太高或太低），那么只能说明一个问题：你没有掌握事物的本质和逻辑，抓不到重点。

在绩效管理过程中，华为公司非常重视员工的参与性，认为员工必须始终保持高度的参与性，各级管理者必须随时与下属员工进行沟通。用任正非的话说，喊什么不重要，重要的是大家要一起喊，要统一步伐，这样才能更好地达成目标。绩效回顾会议不能开成批评大会，而是要开成分析帮扶会。对于绩效面谈，公司上下都要重视，仪式感要强，最好让总裁办、人力资源部负责人一起参与。华为公司强调绩效面谈会要**目标明确、规则简单、及时反馈、层层过关。**

华为公司对员工的绩效考核坚持以结果为导向，同时设定具有挑战性的目标，不让目标容易达成。在华为公司，绩效考核结果分为 A、B+、B、C、D 等级。A 级员工被称为杰出贡献者，占员工总数的 10%~15%；B+ 级和 B 级员工占员工总数的 75%~85%，B+ 级员工被称为优秀贡献者，B 级员工被称为扎实贡献者，B+ 级和 B 级员工的比例不做强制要求；C 级和 D 级员工占员工总数的 5%~10%，C 级员工被称为较低贡献者，绩效待改进，D 级员工被定义为不可接受者。

对于 B+ 级和 B 级员工来说，他们未必达成了具有挑战性的目标，但是与团队中其他人相比，目标完成情况还不错，总奖励包也很大。这样一来，他们拿到钱时可能会产生"负疚感"，心想明年必须好好干。考评为 C 级或 D 级的员工，未来三年不能涨工资、没有配股和 TUP（期权激励）的资格，年终奖金为零，对此员工中流传着"一 C 毁三年"的说法。

华为公司的绩效激励采用赛马机制：让有意愿的员工跑起来，向着更高的业绩目标努力奔跑，目标达成、岗位变化后，薪水跟着提升，岗易薪易。公司会设定有挑战性的目标，以激发员工的潜力，让有能力的员工达成更高的绩效目标，通过股权和期权激励，留住并激励这些有能力且"跑得快"的员工。华为公司还施行末位淘汰制，公司每年都会淘汰绩效考核为 C 或 D 级约 5% 的员工，这样做就像在每个员工的头上都悬着一把"达摩克利斯之剑"，让员工在工作时不敢懈怠，始终保持前进的动力。

第2章　绩效管理工具的演变

自1840年至今，在战略绩效管理的发展过程中，出现过很多绩效管理工具，如EVA（经济增加值）、阿米巴、排列法、量表法等，目前常见的绩效管理工具有目标管理法（MBO）、关键业绩指标（KPI）、平衡计分卡（BSC）、目标与关键成果（OKR）等。综合绩效管理发展过程可以看出，绩效管理工具的演变主要有以下四大趋势。

第一，从主观到客观。随着绩效管理工具的不断发展与演变，企业的绩效评价越来越科学、客观。主观评价通常没有依据，很难让人接受，而且主观评价难以统一意见，不同的人会有不同的看法；即使同一个人，在不同的时间、不同的情绪、不同的环境状况下，也可能会给出不同的评价结果。客观评价需要有明确的依据，这在很大程度上确保了评价结果的一致性，并且可以减少时间、个人情绪和环境对评价结果的影响，从而大大提升考核的公平性。

第二，从考核到管理。考核是阶段性的，管理是持续的；考核是一次性的，管理需要贯穿始终。

第三，从重视结果到过程和结果并重。企业实施绩效管理重视结果没有错，但若只重视结果而忽视了过程，就会出现过程失控、"跑偏"等情况。

第四，从以企业为中心到以员工为中心。企业的发展依靠员工，因此从管理的角度来说，企业要重视员工的参与，让员工从最开始的完全被动参与，逐步发展为主动参与；从最开始的参与某个环节逐步发展为参与全过程。

2.1 从排列法到量表法

1910 年前后，绩效考核在西方军队里逐步开始应用，最早用的工具是排列法，简单来说就是上级根据经验和感觉对下级的战斗力进行排名。例如，在军队的一个步兵班里，班长凭感觉对士兵的战斗力进行排名，这种情况下，一定会有士兵对排名不认可，为了服众，班长会采用两两比较的方法（排列法）。以表 2-1 为例，A、B、C、D、E 分别代表 5 名士兵，横向看，若 A 和 B 对练，A 赢了，AB 交叉对应的空格里填写 1；若 A 和 E 对练，A 输了，则对应的空格里填写 0……以此类推，我们把每个士兵横向对应的分数加起来，就可以算出每个人的总分，然后由大到小进行排序，依次是 E（4 分）、A（3 分）、B（2 分）、C（1 分）、D（0 分）。

表 2-1 排列法

士兵	A	B	C	D	E	分数
A	/	1	1	1	0	3
B	0	/	1	1	0	2
C	0	0	/	1	0	1
D	0	0	0	/	0	0
E	1	1	1	1	/	4

排列法最大的优势是，结果都是"打"出来的，既可以服众，又可以动态管理。例如，上表中 B 的战斗力排名第三，经过一段时间的训练后，在下一次的两两比较中，其排名可能会上升，这样可以激励士兵更加积极地投入训练，提升军队的整体战斗力。

排列法也存在弊端，即没有明确的衡量标准。缺乏明确的衡量标准，可能会出现某步兵班的第一名到另一个步兵班变成最后一名的情况。另外，排列法无法在人数众多的情况下使用。直至现在，很多企业的绩效管理还是没有衡量标准，我也经常调侃这样的企业"绩效管理落后于时代一百多年了"。

没有衡量标准就无法管理，特别是针对规模超过 100 人的团队，团队规模越大，标准就越重要。后来，西方军队开始设定标准，产生了一种新的考核方法，即量表法。量表法就是先设定考核标准，然后对照标准进行考核。考核标准主要有以下两类。

一是特征标准，即特征量表。特征量表根据被考核人是否具备某一类特征，如身高特征（身高达到 195cm 的为第一梯队，身高不低于 185cm 但低于 195cm 的为第二梯队，身高不低于 175cm 但低于 185cm 的为第三梯队，身高低于 175cm 的为第四梯队）进行排列。

二是行为标准，即行为量表。行为量表根据被考核人的行为结果来确定其考核等级，如射击行为，士兵抬手就射且击中目标是 A 级，瞄准后再射且击中目标是 B 级，瞄准后没有射中目标是 C 级等。

直至今天，不少企业依旧在使用量表法进行绩效考核。经过不断的演变与优化，特征量表在人才画像上找到了自己的存在价值，行为量表也在能力评估、胜任力评估中找到了自己的位置。例如，谷歌公司就分别从谷歌人（符合谷歌价值观的员工)、解决问题的能力、执行力、思想领导力、新兴领导力和存在感六个方面对谷歌员工进行能力评估。这些能力的评估用的就是特征和行为相结合的方式，例如，执行力评估主要看员工能否保质保量地完成任务，涵盖对员工执行能力和执行态度的评估，而能力和态度评估用的都是行为量表。能力的评估标准是，企业当季度给员工安排的任务，员工能否完成；态度的评估标准是，对于这些任务，员工是愉快地接受了还是推三阻四，需要领导做很多思想工作才接受，或者员工坚决不接受，再或者只选择执行其中一部分任务等，不同的行为对应不同的能力等级。

量表法最大的进步是让绩效考核有了衡量标准，做到了按照标准进行考核，让考核的公平公正性有了实质性提升。

2.2 目标管理法（MBO）

目标管理法是彼得·德鲁克于 1954 年在其著作《管理的实践》中最先提出的。目标管理法一经提出，便在美国企业中迅速流传，当时各大企业急需采用新的方法调动员工的积极性，以提高企业竞争力，目标管理法的诞生可谓恰逢其时。之后目标管理法又逐步被全世界的企业广泛应用。在《管理的实践》中，彼得·德鲁克指出管理者的素质与绩效是企业唯一拥有的有效优势，其中**绩效就是指目标的完成情况。**

目标管理法最大的进步是清晰地指出了目标的完成情况才是企业要考核的绩效内容，员工的特征及能力其实是绩效的影响因素，企业要先管好绩效本身，然后再考虑如何管理和改善影响绩效的因素。后来，目标管理法和差不多同时期由质量管理大师威廉·戴明（William Deming）博士提出的"戴明环"（PDCA 循环：plan，计划；do，执行；check，检查；action，行动）相结合，强调企业有了目标之后要有工作计划，有了工作计划之后要去执行，执行的过程中要有检查和考核，最后要采取行动，进行复盘和改进。因此，自 20 世纪 60 年代起，绩效考核逐步发展成为绩效管理。

绩效考核是一次性的评价，绩效管理则是一个持续的过程，它包括目标计划、实施辅导、考核激励和复盘改进四个环节。如果企业仅实施绩效考核而没有绩效管理，或者企业绩效管理的四个环节没有做好，存在遗漏和缺失，那么建议企业及时做出调整。目前很多企业都反复强调**经营管理就是绩效管理**，因为绩效管理包含了目标制定，计划管理，检查、辅导、纠偏等过程管控，绩效考核与员工激励，复盘改进及员工培训与成长，而这些正是企业经营管理的核心。

2.3　从目标管理到 KPI 管理

进入 20 世纪 80 年代后，大家发现不管是企业、部门还是员工个人，都会有很多目标，如果每个目标都要达成，最后投入的成本会很高，员工也很累，但工作质量却不高。在这个背景下，KPI 管理应运而生。KPI 管理可以说是众多先贤卓越贡献的集合，既有前文提到的彼得·德鲁克的目标管理法、质量管理大师威廉·戴明博士的 PDCA 循环，也有意大利经济学家维尔弗雷多·帕累托（Vilfredo Pareto）的二八定律。

帕累托在研究 19 世纪英国各阶层的财富和收益统计分析时发现，80% 的社会财富集中在 20% 的人手里，而 80% 的人只拥有 20% 的社会财富。后来他发现类似现象在很多领域都存在，如在绩效管理领域。KPI 倡导大家放弃占目标数量 80% 的低价值目标，集中 80% 的精力去达成 20% 的高价值目标。

目标与 KPI 的关系是目标包含 KPI 和数值，如"第三季度回款"是 KPI，而"第三季度回款 5 亿元"就是目标。KPI 管理的关键是找到核心目标，集中精力达成核心目标。通常来说，工作中**"如果你什么都想管，结果可能会什么都管不好"**，所以我们做事要有所取舍，有所为有所不为，只要管好对企业有高价值的 20% 的目标即可。

我们常说："别丢了西瓜捡芝麻。"在企业里，很多人甚至企业领导者都没有认真想过究竟哪些是西瓜、哪些是芝麻，导致很多人天天在捡芝麻，如果你的眼里都是芝麻，那么你就看不到西瓜。例如，每个和你有业务往来、给你项目的客户都是"西瓜"吗？显然不是。你可以先对客户价值贡献做个排序与分析，结果出来后你会发现，有些与你合作多年的客户，可能并没有让你赚到钱。我曾服务过一家企业，该企业做完客户价值贡献分析后发现，有十几家客户，每年不但没有给该企业带来利润，企业还存在亏损的情况，有些亏损甚至高达几十万元。这些客户要么订单额太少，要么总是修改设计方案，要么付款不及时甚至存在坏账，这样的客户可以说连"芝麻"都不是。

KPI 管理做得好能促进企业经营发展，例如，阿里巴巴公司多年来一直将 KPI 管理作为企业经营管理的核心，华为公司应用的 PBC（个人绩效承诺）管理本质上也是 KPI 管理。对于企业来说，制定并管理好 KPI，就是捡到了最大的"西瓜"。

2.4　从 KPI 管理到 PBC 管理

如上文所述，KPI 管理最大的进步是应用了二八法则，让大家找到核心目标，并集中精力达成核心目标。但 KPI 管理也存在弊端，其只是对结果进行管理，缺少过程管理，而 PBC 管理则很好地弥补了这一不足。

PBC 是英文"personal business commitment"的首字母大写，直译过来是个人业务承诺，也称个人绩效承诺。PBC 管理分为目标承诺、执行措施承诺和团队合作承诺三个部分，如表 2-2 所示。

表 2-2　PBC 管理表

姓名		岗位	
上级主管		时间	
一、目标承诺			
序号	KPI		评分标准
1			
2			
…			
二、执行措施承诺			
三、团队合作承诺			

目标承诺： 员工承诺的本人在考核期内所要达成的绩效目标。

执行措施承诺： 员工与上级主管就完成目标的方法及执行措施达成共识，并将执行措施作为考核的重要部分，以确保目标最终达成。

团队合作承诺： 为高效推进关键措施的执行，确保达成团队绩效目标，员工需要在配合、参与和相互支持等方面做出承诺。

PBC 管理是绩效管理的一大进步，其增加了对执行措施和执行过程中团队合作的管理，在某种程度上弥补了 KPI 只对结果进行管理，缺少过程管理的不足。当然，PBC 管理也相应增加了企业的管理成本。PBC 管理后来被华为公司引进，并随着华为公司的发展壮大而被各大企业学习并应用。

2.5　平衡计分卡（BSC）

到了 20 世纪 90 年代，平衡计分卡（BSC）和目标与关键成果（OKR）这两种绩效管理工具几乎同时出现。BSC 是由罗伯特·卡普兰与戴维·诺顿共同设计的。罗伯特·卡普兰是哈佛大学的财务学教授，他深谙财务指标和结果指标的弊端是具有事后性，一旦结果指标数据出来就是最终的，从而失去了过程干预的机会。这就像在赌桌上玩骰子，过程不透明，结果不可预知，开大开小全靠运气，但经营企业不能靠运气。

BSC 管理最大的进步是对财务指标和结果指标的事后性进行了补充，即企业需要对过程指标进行监控和管理。但过程指标有很多，企业究竟应该管理哪些指标呢？罗伯特·卡普兰和戴维·诺顿创造性地提出了驱动因素，就像汽车是由汽油和发动机驱动的一样，财务指标如收入和利润则是由客户的数量、客户满意度（客户是否愿意重复购买甚至推荐购买等）来驱动的；而客户数量、客户满意度又是由企业内部运营系统、客户管理系统和创新系统驱动的，包括企业能否及时交货、客户诉求能否及时得到回应和解决等。最后，企业内部运营系统、客户管理系统和创新系统又由企业的员工、团队、组织及信息系统来驱动。这就形成了 BSC 管理的财务、客户、内部流程、学习和发展四个层面。简单来说，BSC 管理的绩效指标体系就是由财务层面的 KPI 指标加上驱动这些指标达成的客户、内部流程、学习和发展三个层面的 KPI 指标构成的。

很多人都想了解 BSC 即平衡计分卡究竟平衡了什么？我们看到的财务指标结果只是短期的，但若企业有数量庞大且有着强烈重复购买和推荐购买意愿的客户群，企业未来的业务发展也就有了保障。BSC 既能平衡短期目标和长期目标，又能平衡结果与驱动因素。另外，好的财务指标能够保障投资人或股东的利益，好的客户指标能让客户感到满意，好的学习和发展指标能让员工获得成长及满意的收入，因此 BSC 也保障了股东、客户和员工利益的平衡。

通过为诸多企业进行 BSC 管理咨询，我总结出以下两点。

第一，只有双赢的关系才可以持久和永续，如果股东、客户、员工中任何一方输，都会在企业里埋下"定时炸弹"，非常危险。

第二，"因即是果，果即是因"，客户数量庞大且高度满意是财务指标优秀的因，同时又是企业内部运营系统、客户管理系统和创新系统的果。企业内部运营系统、客户管理系统和创新系统是客户数量庞大且高度满意的因，同时也是高素质且高满意度员工队伍的果。所有企业"最终的因"都是高素质的员工队伍。世界某知名企业 CEO 曾说："你可以搬走我的机器，烧毁我的厂房，但你只要留下我的员工，我就可以再造一个更强的企业。"

BSC 管理的高明之处在于，它不仅补充了过程指标，而且明晰了要补充哪些过程指标，就像汽车上的仪表盘，驾驶者通过仪表盘随时可以知道目前的速度是多少，燃料还有多少，汽车的各个重要部件是否正常运转等，如有问题驾驶者要及时干预，以确保安全、高效地到达目的地。

BSC 管理补充了过程指标，这必然导致指标数量增加，即增加了数据监控、数据收集等管理成本。同时，由于 BSC 管理关注运营流程、客户管理流程、创新研发流程等，因此实施 BSC 管理的企业需要有一定的流程管理基础。从实践来看，BSC 管理在具有一定规模的工业企业中的应用效果较好。当然，对于其他类型的企业，也不是不适用 BSC 管理，企业应学习 BSC 管理的思想精髓，如华为公司就将 BSC 管理的思想应用在 PBC 的目标承诺部分，特别是组织绩效管理方面。

2.6 目标与关键成果（OKR）

20 世纪 90 年代，随着互联网浪潮的兴起，人们说得最多的就是社会进入了知识经济时代。在此之前，成立一家企业一定是谁出的资本最多谁是大股东，谁就有更多的决策权。而在知识经济时代，知识、智慧甚至一个点子，只要它足够好，就能够引来投资，如阿里巴巴、京东、腾讯、拼多多、字节跳动等公司的创始人在创立这些公司时出资不一定是最多的，但股份都不少，而且最大的决策权都在创始人手中。无论国内还是国外的企业，这样的现象越来越多，企业也吸引了一大批知识型员工。知识型员工的工作本身就有一定的特点，如结果难衡量、过程难监控。例如，员工坐在工位上一动不动，你以为他在发呆，其实他在深度思考问题。知识型员工更关注自我成长，他们看重工作成就感，希望自己的工作自己能做主等。因此，无论是工作特点，还是个体特性，知识型员工都给企业的绩效管理工作带来了很大的挑战，而 OKR 管理就是在这样的背景下应运而生的。

OKR 管理是英特尔公司的前 CEO 安迪·格鲁夫（Andrew Grove）在思考如何管理知识型员工的过程中创立的一种管理工具。**OKR 以彼得·德鲁克的目标管理法为基础，强调目标与关键成果的结合。**

安迪·格鲁夫出生在 1936 年的东欧，童年过着颠沛流离的生活。第二次世界大战后，安迪·格鲁夫到了美国，他从最初连英语都说不好，到后来成为加州大学伯克利分校的博士，其间付出的努力和艰辛可想而知。在这个过程中，安迪·格鲁夫极度自律，他拥有超强的执行力，以至于参加工作后，他把当时规模很小的英特尔公司发展壮大成了世界五百强企业。安迪·格鲁夫非常认可彼得·德鲁克的目标管理法，他通过多年的探索、实践和总结，提出了 OKR 管理。

OKR 管理是一种来自企业管理实践的绩效管理方法，它帮助英特尔公司不断创新发展，使英特尔公司在 20 世纪 90 年代连续推出 CPU386、486、586，奔 2、奔 3、奔 4 等产品。OKR 管理深深影响了一代英特尔人，其中包括曾经担任英特尔公司产品及销售副总裁，后来成为美国硅谷炙手可热的投资银行家约翰·杜尔（John Doerr）。约翰·杜尔在担任谷歌董事时，把 OKR 管理引入谷歌，后来随着谷歌的快速发展与知名度的提升，OKR 管理被越来越多的人熟知。

OKR 即目标与关键成果。目标和前文讲过的 KPI 加数值一样，如"第三季度回款 5 亿元"。关键成果用以说明目标达成过程的"关键成果"，如**关键成果一（KR1）：与某新客户签约，完成 2 亿元的订单；关键成果二（KR2）：与某大客户续约，完成 3 亿元的订单**。我在培训课上常常用跑步来比喻 OKR 管理，例如，你今天晨跑的目标是十公里，三公里处有个图书馆，五公里处有个医院，七公里处有座桥，这三个标志性的点就是你的三个关键成果。从中可以看出，OKR 管理既给出了明确的目标，也给出了过程控制的三个点，你只要经过这三个点，就说明方向没有跑偏，同时可以掌握达成目标的进度。如果没有这三个点，你在跑步的过程中什么都不管，可能会导致过程失控，方向跑偏或者速度太慢，最后根本没办法按时到达目的地。那么，为什么选三个点而不是三十个点呢？企业在管理知识型员工时，如果管得太多、太频繁，会束缚知识型员工的积极性，让他们觉得工作不能自主，降低其成就感，甚至会让员工感到反感。

针对 OKR 管理，安迪·格鲁夫指出了其三大内涵。

第一，自我管理。OKR 管理的人性假设是 Y 理论，美国著名的行为科学家道格拉斯·麦格雷戈（Douglas McGregor）提出了人性假设的 X 理论和 Y 理论，其中 Y 理论是将人性假设为喜爱工作、发自内心地愿意承担责任。安迪·格鲁夫认为优秀的知识型员工都是这样的，他们主动承担责任，喜欢接受挑战，乐于挑战高目标并愿意对结果负责。

第二，聚焦、聚焦再聚焦。安迪·格鲁夫汲取了 KPI 管理核心思想之一的二八法则，即管理者和员工都要做真正能对绩效产生决定性作用的核心工作，做到聚焦、聚焦再聚焦，坚定不移地抓"西瓜"放弃"芝麻"。

第三，应对不确定性。很多实施 KPI 管理或 BSC 管理的企业都是年初制定目标，而且一年制定一次，这就存在一个问题，一年的时间太长，其间企业的外部环境或者行业环境可能会发生较大变化，企业内部各部门的工作也可能会发生变化，这时年初制定的目标就无法兼容或者适应这类变化。解决这个问题最好的办法是缩短绩效管理周期，把绩效管理周期由年度缩短为半年度或季度，也有人希望缩短到月，但周期越短管理工作投入的成本就越高。缩短绩效管理周期还有一个非常大的好处，就是更容易强化员工的目标感，引导员工时刻聚焦目标，形成定目标和按计划达成目标的习惯。

在 OKR 管理过程中，为了提升员工的工作自主性和成就感，目标由员工自己定，关键成果也由员工自己定，但必须和企业战略及团队目标对齐。谷歌公司在 2022 年 5 月对企业的绩效管理方式进行了升级，简单来说就是员工的目标及目标结果不但要与企业的战略及团队目标对齐，执行过程也要定期对齐，以确保员工在执行目标任务的过程中不走样、不跑偏。

这里要注意一点，OKR 管理需要有与之配套的企业文化，正如"橘生淮南则为橘，生于淮北则为枳"，如果没有与 OKR 管理相配套的土壤和环境，OKR 管理这棵小树是无法生存下去的，更别说开花结果，促进企业战略落地及战略目标的达成了。OKR 管理的成功案例大都聚焦于利润丰厚的高科技企业，这些企业的员工大都是知识型员工，整体文化素质较高，能够自我约束，做好自我管理，他们可以自己制定目标和结果，自觉与企业及团队的 OKR 对齐，并对结果负责。同时，企业给员工提供了较为宽松、自由，便于自我管理的工作环境，企业也有实力承担由此带来的高昂成本。

表 2-3 和表 2-4 是两家公司的 OKR 管理表，仅供参考。

表 2-3　×× 公司 OKR 管理表（Ⅰ）

目标	关键成果及完成情况	修改后的关键成果及完成情况	最终完成情况
1.××			
2.××			
3.××			
4.××			

注：完成情况填写 0~1，0 是完全没有进行，1 是 100% 完成

表 2-4　×× 公司 OKR 管理表（Ⅱ）

年度：		部门：			季度：			
岗位：		姓名：			主管：			
目标					关键成果			
序号	目标	权重	评分标准	序号	行动	结果	日期	
1	目标 1			1.1				
	目标界定 / 公式			1.2				
				1.3				
...	××			...				

综上所述，企业推行 OKR 管理不可一味地追求"原汁原味"，全盘照搬照抄，而应结合自身特点"量身定制"，科学设计，这样才能提升企业的战略绩效管理水平，助力企业健康发展。

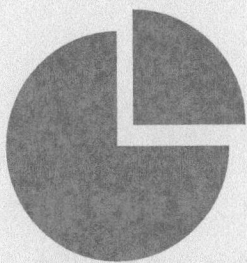

第 2 部分

战略绩效管理体系建设

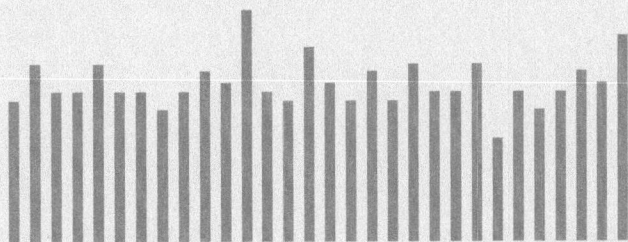

本部分共分为 6 章（第 3 章至第 8 章），主要讲述战略绩效管理体系的建设步骤和方法，这也是本书的核心内容。其中，第 3 章重点讲述了企业应如何制定战略和解码战略，以及战略解码常用的工具；第 4 章详细介绍了企业应如何将经过解码的战略指标和目标分解成绩效指标，以及绩效指标权重和评分标准的设计方法；为帮助大家更好地理解与学习绩效指标设计，第 5 章至第 7 章分别介绍了制造业、互联网和科技类企业的部门与岗位的绩效指标设计要点，并给出了一些参考指标；第 8 章则全面阐述了企业应如何设计绩效管控机制与激励机制。

第 3 章　战略制定与战略解码

　　我在做了多年战略绩效管理咨询和辅导后发现，很多企业绩效管理的问题都出在源头，即企业战略上。战略既是企业经营发展的目标和方向，也是企业对目标实现路径的一种选择。如果企业战略不清晰或团队不认同，那么说明企业的战略制定本身就存在问题。企业战略不明确会给绩效管理工作带来很多困扰，如无法设置战略绩效指标，只能设置工作绩效指标或流程绩效指标。殊不知，这样的绩效管理是舍本逐末，丢了西瓜捡芝麻，最终会形成企业管理者天天讲战略，部门主管和员工的绩效考核分数都挺高，但战略却不落地，企业整体业绩没有增长，企业发展缓慢等管理无效的结果。因此，企业实施战略绩效管理，必须先制定明确的企业战略，并对战略进行解码。

3.1　战略制定

　　很多企业的战略制定及战略管理存在问题，深层次的原因是企业家对战略的认知有问题。如前所述，企业经营就是认知的变现，认知决定行动，行动创造结果，错误认知会导致动作变形，就像跑步一样，变形的跑步动作不但起不到强身健体的作用，反而会对膝盖、关节等部位造成伤害。

3.1.1　企业制定战略的目的

战略本指军事将领指挥军队作战的谋略，其核心思想就是"赢"。所以，战略应该以"赢"为目的而制定，是一种体系性策略。企业战略是企业为达成目标和获取竞争优势，根据自身资源和能力做出的路径选择及一系列行动的谋划。由此可见，企业制定战略的目的有两个：一是达成企业目标，主要是达成企业中长期目标；二是为企业培育核心竞争力，获取竞争优势，确保企业在未来的市场竞争中立于不败之地。

总体来看，企业制定战略就是要**定目标、选路径、谋行动、调资源**。

定目标主要是确定企业未来三至五年的战略目标，因为战略目标主要来源于企业的使命和愿景。使命是企业存在的终极价值，而愿景是企业长期要达到的理想状态。那么，这个长期究竟需要多长时间呢？理论界也没有给出一个明确的界限，在企业管理的实践中，大都以十年为限。所以，愿景就是企业十年后的理想状态。我在帮助企业做战略规划时，通常会组织企业的核心人员一起畅想十年后企业的理想状态，以及员工的工作状态。大家在这个环节会表现得很兴奋，有人会说："我们的企业将会成为全球知名企业，分别在欧洲、非洲、美洲设立分公司，我的工作状态就是今天在巴黎，明天在纽约……"这时我会观察他们的表情，大家脸上洋溢出的那份美好憧憬，让人感到陶醉与幸福。我知道这将会激励他们全情投入工作中，这样共同描绘出来的愿景才是大家共同的愿景。

十年的愿景通常要由两到三个战略周期来达成。战略目标就是愿景的阶段性划分。战略目标通常包括财务目标、客户目标、管理目标及团队目标等，很多企业往往仅有财务目标，这样的目标就像断了线的风筝一样不接地气，实现不了是必然的，实现了也是偶然。

战略目标确定之后，企业就要**选路径**。就像一个人想要从现在所处的地方（企业的现状）到另一个地方（企业的战略目标），例如，你在上海，你的目的地是北京，要去北京有多条路径和交通工具可选，可以坐飞机，也可以乘京沪高铁，或者开车自驾等，这时你需要在考虑费用、花费的时间、旅途舒适度等方面后做出最合适的路径选择。企业也一样，企业应根据自己的资源、能力及外部环境来选择能够达成战略目标的合适路径。

谋行动和调资源是企业选择完路径后要做的事。**谋行动**是指行动计划，如计划做什么，先做什么，后做什么。**调资源**是指根据行动计划来调动人、财、物、信息等资源，为行动计划的落实和战略目标的达成提供资源保障。反向来看，企业的人、财、物、信息等资源重点投入哪里，企业战略就应落在哪里。

总体来说，企业战略是有层级的（见图3-1），企业的总体战略是谋划企业总体目标和行动；业务战略是在总体战略的指导下谋划某一项或者几项相关业务的发展目标和行动，它是总体战略在业务领域的具体体现，是业务在竞争中取胜的整体谋划，如手机业务战略、汽车业务战略、智能家居业务战略等；职能战略是在企业总体战略的指导下，为满足业务发展对职能层面的具体需求而做出的职能领域的整体谋划，如人力资源战略、财务战略、信息化战略等。

图 3-1　企业战略的层级

3.1.2　战略的重要作用

有人认为谈企业战略很空，没有实际意义，持有这种想法的人多为基层人员，或者思维方式局限于基层思维。战略对企业发展有着至关重要的作用，具体如下所述。

首先，战略对企业来说就是把未来的成功之路先以图文的方式走一遍。正如第 1 章所讲，军队打仗至少先经历"三胜"——心胜、图胜、战胜，即先赢在心里，然后赢在图纸或沙盘上，最后才能在战场上打胜仗。《孙子兵法》中讲的"胜兵先胜而后求战"也是这个思想。

其次，好的战略能帮企业顺利实现升维。现在很多企业经常在商战中采取

"降维打击"的策略，但若企业和竞争对手处在一个维度上，如何降维打击？我们可以从三个维度对企业进行划分（见图3-2）：NMM（no money much hard，表示企业生产经营压力大，员工劳动强度大，但企业不挣钱甚至亏损）、SMM（small money much hard，表示企业生产经营压力大，员工劳动强度大，企业利润却不高）、MMN（much money no hard，表示企业不从事生产，但利润丰厚）。

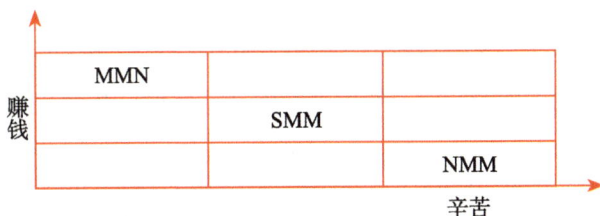

图 3-2　企业维度划分

NMM——这类企业经营压力大，员工工作时间长，劳动强度高，但辛苦一年下来，企业可能赚不到钱，甚至出现亏损，如一些无品牌的餐饮企业、软件外包企业等。

SMM——这类企业非常多，从数量上看，约占到全球企业的70%，包括很多服务业企业、软件开发企业、生产企业等。

MMN——这类企业虽然不从事一线生产业务，但赚取的利润在整个产业链上占大头，如苹果公司、谷歌公司及品牌餐饮连锁企业等。好的战略可以帮助企业提升维度，如从普通餐饮企业升级为品牌餐饮企业。万达集团从做重资产的商业中心开发、招商、运营到现在做商管，就是一种企业升维。当然，企业升维不是一件容易的事，需要具备坚实的物质及人力资源基础，同时要制定长远的战略规划。

最后，战略能为企业和员工指明方向、目标和策略。有战略就有明确的目标和方向，企业所有员工会自觉将自己的目标和行为向企业战略看齐，再加上战略目标分解，最终企业将形成人心往一处想，劲往一处使，有利于企业发展的局面。如果没有明确的战略目标，大家努力的方向将是分散的，一个向东一个向西，力量必然互相抵消，造成内耗。可以说，方向越多内耗越严重，内耗表现在多方面，如事情太多，需要开会协调；跨部门沟通协调难，有时还需要分管领导进行协调；一项工作通常要经过多轮沟通、协调才能开始推进，推进一段时间后又会发现新的问题，然后继续沟通、协调，久而久之会导致很多工作半途而废，浪费大量的资源（前期投入的人、财、物、信息等各项资源）。

方向对了，企业所有的努力和资源投入将形成"资产"积累，助力企业达成战略目标；方向错了，企业所有的努力和资源投入就会变成"负债"积累，越"努力"损失越大，越投入负债积累越多，只有停下来才能止损。

综上所述，如果没有战略，企业的资源投入将没有依据，要不要投，投多投少全看相关人员的资源争取能力，这就会造成企业资源浪费多，利用效率低，试错成本居高不下。好的战略不仅能为企业指明方向，凝聚共识，确认并对齐目标，还可以积聚优势资源在核心战略上，形成快速突破。

3.1.3　战略的六大特性

为了让大家对战略有更深层次的认识，我依据自身二十多年企业战略顾问的实践经验，对企业战略应具备的特性进行了总结，具体包括以下六点。

第一，战略的时间性。企业制定战略是为了对未来一段时间的发展目标及策略做出规划，那么，"未来一段时间"是多久呢？在宏观环境和行业环境相对稳定时期，企业制定战略一般向前看五年，做未来五年的战略规划。随着宏观环境和行业环境变化的加剧，很多企业在快速变化的环境中无法预测到未来五年的变化，因此会制定未来三年的战略规划，或者在五年战略规划执行过半时做一次大幅度修订，实际的战略周期为两至三年。

第二，战略的全局性。所谓全局性，就是站在企业层面思考问题，主要涉及以下几方面。

（1）企业的总体目标是什么？

（2）为了完成总体目标，我们必须在哪些关键领域获得成功？

（3）为了在这些关键领域获得成功，我们应采取哪些关键行动？

（4）为了完成关键行动，我们需要什么样的政策和方针指引？

（5）为了完成关键行动，达成战略目标，我们在人、财、物、信息等资源方面有哪些需求。

第三，战略的取舍性。简单理解就是"有所为有所不为"。很多企业在制定战略时，非常重视应该做什么，却忽视了不能做什么。知名企业家段永平曾表示，企业制定战略必须先明确"不为清单"（关于不做什么的清单）。OPPO公司的"不为清单"包括不代工、不议价、不做折扣、不返利等。其中，对于"不议价"，在现实的市场环境中确实具有挑战性，但议价的管理成本和时间成本很高，稍不留神可能会破坏企业的整个价格体系，带来更多的客户不满。如果企业坚持不议价，无论是管理成本还是时间成本，都能节省很多，从长远来看，对企业的发展非常有利。

如同做人要有原则，企业经营也要有原则。我曾为一家上海的公司提供战略管理咨询服务，当时这家公司制定的战略主题之一是"优质发展战略"，简单来说就是集中精力服务优质客户，对那些总是欠账，不按时付款甚至有坏账的客户，坚决不再合作。该公司坚持执行"优质发展战略"，三年后这家公司的销售额增长了四倍。

我有个朋友创立了一家私募股权投资基金公司，主要投资拟上市企业，帮助其快速发展，达到上市标准。该公司就有自己的"不为清单"：（1）被投资企业所处的阶段不对，不投资；（2）被投资企业不接受回购条款，不投资；（3）被投资企业上市后，该公司能退出时马上全部退出，决不延迟。阶段不对不投资，可以规避80%以上的风险；不接受回购条款不投资，为公司保留了出险（被投资企业不能上市，或者遇到问题上市无望等）后最后的退出路径，确保了公司资金安全；能退出时马上退出，决不延迟，则明确了公司只挣该挣的钱，只挣擅长领域内的钱。目前来看，该公司发展得非常好。

第四，战略的聚焦性。如前所述，企业战略在哪里，核心的人、财、物、信息等资源就投入哪里。例如，华为公司前两年建立了"十大军团"，以赋能电力数字化、政务一网通、机场与轨道等实现智能化升级，由此不难看出，华为公司把最精干的人才和资源都投入了赋能关键领域的智能化升级中，显然，这就是华为公司的一大发展战略。

聚焦性还体现在聚集优势资源，在关键点上取得突破。就像在军事战争中攻击一堵坚固的城墙，如果炮弹非常分散，城墙根本无法攻破；如果能找到相对的薄弱点，然后集中一百发、一千发、一万发甚至更多炮弹去攻击，那么城墙一定会被攻破。很多企业都会犯无意识战略的错误，企业每年花很多钱，投入很多资源，在各领域均衡分配，未设定重点领域。最终，企业投入了大量的资金与人力，却没有在哪个领域取得重大突破，企业发展依旧停滞不前。

第五，战略的顺序性。既然战略具有时间性和聚焦性，自然也具有顺序性。顺序性是指先做什么，再做什么。例如，在销售方面，我们刚开展一项新业务时，先要做的是开发新客户，然后再想如何针对每个客户提高销售额。

战略的顺序性最好能遵守事物的自然规律，如研发新产品，如果企业一开始就要做最好的、最具创新价值的产品，可能难以给产品做出明确、清晰的定义，这就会给研发工作造成极大的困难，很有可能导致半途而废。这种情形下，企业最好先找到参照物，在其基础上进行创新，这样成功率会更高。

第六，战略的实践性。鲁迅先生在《故乡》中写道："其实地上本没有路，走的人多了，也便成了路。"战略也是"走"出来的，需要企业不断探索、实践和试错。试错必然存在成本，很多时候试错的成本非常高，聪明的人可以从自身错误中吸取教训，或者更进一步，从别人的错误中获得经验和教训，由别人来帮自己承担试错的成本。前文曾提到，企业家段永平先生提出了"敢为天下后，后中争先"的企业战略，核心思想是看好了先不要动手，多观察别人是怎么做的，让别人去试错，看别人付出了多少试错成本，然后总结前人的经验教训，找到一条正确的路，集中所有优势资源在正确的路上快速前进。

"敢为天下后"是做正确的事，"后中争先"是把事情做正确。拼多多和极兔速递就将这一战略思想融入企业管理，并取得了很好的效果。这两家企业的商业模式虽然都不是首创的，但在其赛道上却能后来居上。

3.1.4　战略的常见问题

现在很多企业的战略都是由董事长、总经理等高管结合自己在行业内的多年经验，以及受同行成功经验的启发，思考并总结出来的，这些战略大都没有经过系统的分析和规划，可能会存在经验化、机会化、碎片化、模糊化、频繁变化等问题。

问题一，经验化。简单来说，经验化就是企业管理者按照以往的经验来制定战略。在外部环境没有发生大的变化的情况下，这样制定战略也许可行，一旦外部环境发生了大的变化，原来的成功经验就不适用了，甚至可能成为企业未来发展的障碍。

凭历史经验制定企业战略就像父母教育子女，有些父母教育子女主要凭借自己以往的经验，要求子女走自己走过的路或者曾经想走的路，殊不知时代和社会环境已经发生了巨大的变化，父母以往的经验或许已不适合用在子女身上。

成功经验的复制除了时间维度，还和企业所处的发展阶段，以及企业所具备的资源和能力有很大关系。也就是说，这个企业的成功经验未必在另一个企业就适用。电视剧《乔家大院》中的孙茂才本在乔家身居要职，却因谋取私利被赶出乔家。他自认为拥有丰富的经商经验，可以把这个成功经验复制到任何地方，于是想投奔乔家的竞争对手，结果被对方老板怒斥："是乔家的生意成就了你，不是你成就了乔家的生意。"在对方老板眼里，孙茂才曾经的那些成功经验一文不值，于是直接把孙茂才轰出了家门。

成功经验是一笔财富，但用不好会成为企业未来发展路上的羁绊。企业在制定未来发展战略时，先要对历史成功经验进行复盘，分析他人成功的关键因素是什么，是环境、机遇、运气，还是其经营有方。如果他人成功的关键因素是环境，要看环境有没有发生变化；如果是经营有方，要看他人在经营管理中具体做了哪些事情，采用了哪些管理方法，这些管理方法是否适合本企业等。同时，企业要对未来的应用场景进行分析，如未来应用场景会如何变化，企业要做哪些修正才能应对这些变化等。

问题二，机会化。这里的机会化是指机会主义，所谓机会主义战略，简单来说就是市场上流行什么，什么在风口，企业就做什么，几乎不考虑本企业的资源和能力。执行这种战略的企业，坚信风来了企业能"飞"起来，却没有考虑后果，一旦风停，飞得越高的企业可能会"摔"得越惨。

的确，市场上有很多机会，但若不考虑自身的资源和能力，企业是难以把握住机会的。在移动互联网正火热时，曾有企业组建团队开发绩效管理 App 和运营 App，最后在亏掉了不少资金，又没有后续资金注入的情况下，不得不关闭了该项目。当初在这样的大环境下，类似追逐风口的企业非常多，但真正成功的并不多。

机会主义战略还有个弊端，即企业人才会快速流失，原因其实很简单，人岗不匹配。例如，员工是 OTO 方面的人才，企业却转型做 AI，员工无用武之地，自然会选择离开。

问题三，碎片化。碎片化是指企业制定的战略不成体系，各组成部分之间没有必然联系，没有支撑或因果关系，顾此失彼。这样的企业战略多数是通过头脑风暴的方式制定出来的。

某医药公司就曾因制定的战略过于碎片化而得到了惨痛的教训。当时该公司看到了市场机遇，制定的战略是通过扩大销售规模迅速占领市场。扩大销售规模就要扩大销售队伍，于是，该公司大力招聘销售人员，短期内全国销售队伍从200人扩充到了2 000人，但公司却忽视了销售团队管理和文化建设，从而导致销售过程中出现窜货、飞单、压库存、虚拟返利等一系列事件，最后整个销售队伍处于失控状态。这个战略的实施让该公司投入巨大，但销售业绩并未取得预期的增长。企业的快速发展会对自身的管理和文化形成巨大挑战，显然该公司在制定战略时忽视了团队管理和文化建设的重要性，所以才导致如此巨大的损失：2 000多人的人工成本、市场营销费用等直接成本，再加上错失的市场机遇，全部损失共计超过十亿元。

问题四，模糊化。战略模糊化是指企业管理者在制定战略时自己没有想明白，没有向下属传达清楚，或战略只有思想而没有目标、路径和行动计划。这种战略是模糊的，是含糊不清的，相关人员不知道应该做什么，或者怎么做才能将战略落地，达成战略目标。

战略向下传达不清是常见现象，有战略本身的原因，如战略制定得不明确；也有传达方式不当的原因，如企业仅通过开会宣讲传达战略。战略传达不能仅靠企业单方面开会宣讲，而应把员工聚在一起讨论，对战略进行解码，对战略目标进行分解，这也是企业上下对战略目标、行动计划和资源保障达成共识的过程。

战略只有思想而没有目标、路径和行动计划的情况更是常见。我曾接触过一家公司，该公司想转型，从传统行业转入人工智能行业，这一发展战略在公司大会小会上反复提，但迟迟没有推进。其主要原因在于，该公司只有战略方向和想法，没有具体的战略目标和行动计划。后来，为了抓住机遇，该公司制订了详细的人工智能发展计划，组建了专业的人工智能团队，组织、机制和文化也与之相配套。6 个月后，产品原型基本确定，18 个月后相关人工智能产品开始上市销售。

问题五，频繁变化。有些企业的战略总是不断变化，朝令夕改，今天向东明天向西，没有战略定力。战略可以优化和局部调整，但不到万不得已，战略不要转大弯，发生方向性的变化，否则，企业所有的努力及资源投入都可能变成"负债"。战略的频繁变化也跟前文所述的经验化、碎片化和模糊化有一定的关系，企业在执行战略的过程中，如果发现战略存在经验化、碎片化和模糊化等问题，就需要对战略进行调整，这也是不得已而为之。

3.1.5　战略制定五步法

为更好地制定与执行战略，企业可以成立战略小组或战略决策委员会，由企业"一把手"主持，成员为企业核心高管。企业"一把手"应该就企业战略与核心高管达成共识。战略小组或战略决策委员会的成员不用太多，三至五人即可，因为在一个企业中，每个人思考问题的角度和发言的层次是不一样的，若参与战略制定的人员太多，则既浪费时间，又容易把话题带偏。

企业制定战略可以分为内外部环境分析、确定战略方向及目标、选择战略路径、制订行动计划、提供资源保障五个步骤，如图 3-3 所示。

内外部环境分析　▶　确定战略方向及目标　▶　选择战略路径　▶　制订行动计划　▶　提供资源保障

图 3-3　企业制定战略的五个步骤

（1）内外部环境分析

内部环境分析的核心是向内审视企业自己的能力和资源，看清本企业有哪些优势和不足。**外部环境分析**主要分析宏观环境和行业环境，核心是帮助企业识别未来的发展机遇和威胁。外部环境分析常用的工具有 PESTEL 分析（见表 3-1）和五力模型分析（见表 3-2）。PESTEL 分析能够识别对企业有冲击的关键影响因素，包括政治（political）因素、经济（economic）因素、社会文化（sociocultural）因素、技术（technological）因素、环境（environmental）因素和法律（legal）因素。五力模型分析主要用于分析行业竞争格局及竞争环境，五力包括客户议价能力、供应商议价能力、竞争对手的压力、潜在进入者的威胁力及替代品的替代能力。

表 3-1　PESTEL 分析

关键影响因素	企业/行业相关因素及变化趋势	机遇	威胁	办法
政治因素	国内外政治事件、重大事件等			
经济因素	经济政策、税收、利率、CPI（消费者物价指数）、PPI（生产者物价指数）、国际油价水平等			
社会文化因素	人口趋势、劳动力趋势、职业态度、教育水平等			
技术因素	科技趋势、科技水平、科技转化、产业技术水平等			
环境因素	环保政策的变化、生物多样性、环境变化趋势等			
法律因素	《中华人民共和国反垄断法》《中华人民共和国劳动法》《中华人民共和国民法典》等法律规定			

表 3-2 五力模型分析

能力纬度	企业 / 行业相关因素及变化趋势	机会	威胁	办法
客户议价能力	数量、集中度、成本结构、品牌认可度等			
供应商议价能力	供应商数量、集中度、可替代材料、企业与供应商的关系等			
竞争对手的压力	行业集中度、竞争对手的优势及发展趋势、沉没成本等			
潜在进入者的威胁力	进入壁垒、沉没成本、未来被替代的可能性等			
替代品的替代能力	替代品的种类、优势及发展趋势等			

企业也可以综合内外部环境情况进行分析，常用的工具是 SWOT 分析（示例见图 3-4），其中，S 指企业内部的优势（strengths）、W 指劣势（weaknesses）、O 指外部环境的机会（opportunities）、T 指威胁（threats）。SWOT 分析可以为企业制定战略方向及目标、选择战略路径等提供足够的依据。

优势	劣势
1. 团队执行力强 2. 技术积累够 ……	1. 人工成本偏高 2. 运营效率低 ……
机会	威胁
1. 行业处在启动阶段 2. 客户需求旺盛 ……	1. 原材料有涨价趋势 2. 跨界进入者增加 ……

图 3-4 SWOT 分析示例

华为公司把制定战略的内外部环境分析简称为五看：看趋势、看行业、看客户、看竞争对手、看自己。

看趋势就是看宏观环境、宏观政策等，通过趋势分析找到大风口、大机遇、大行业，在一个万亿级市场里做到百亿产值可能性相对较高，而在一个百亿级市场里做到百亿产值可能性非常低。

看行业就是看行业的主要参与者，分析行业佼佼者的关键成功因素，以及它们犯过的错、踩过的坑；看行业的价值转移趋势，以及企业有可能进入的细分领域的参与者。

看客户就是分析客户的需求，产品和服务的应用场景，客户的购买决策链及价值主张。简单来说，就是客户愿意为哪些产品和服务付钱。

看竞争对手就是看竞争对手的战略、优势和不足，为本企业未来形成竞争优势做准备。

看自己就是看本企业的优势与不足，如自己有什么资源，缺少什么资源。

华为公司在上述"五看"的基础上明确企业未来的主要机会在哪里，然后对机会进行分析和优先级分类，设定优先顺序。

（2）确定战略方向及目标

企业对内外部环境进行充分的分析后，需要确定自身的发展方向及目标，即企业未来要朝哪里走，是聚焦当前行业，还是前向一体化或后向一体化或多元化发展；是仅在当地发展还是往全国发展；是聚集在国内还是要全球化发展，等等。战略目标的确定包含使命、愿景的再次检视或升级，财务目标、客户目标、管理目标和团队目标的制定等。

（3）选择战略路径

战略路径选择是基于内外部环境分析，以及确定的战略方向和目标，在有机会的领域，选择自己既擅长又想要的（见图3-5中的阴影部分）。战略路径确定后，企业应在财务、客户、运营、创新、合规、人才、组织、数字化等方面制定相关策略。

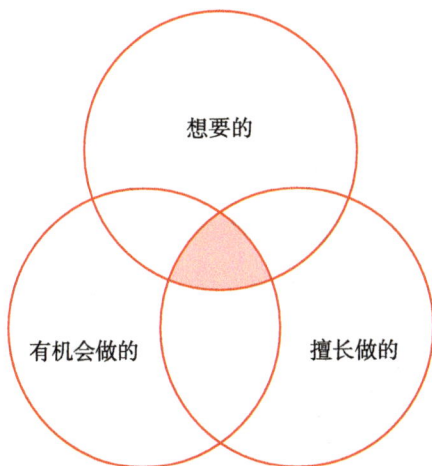

图3-5　战略路径选择示意图

（4）制订行动计划

企业制订行动计划的目的是确定先做什么，再做什么；什么时候加快行动步伐，什么时候慢下来；把握好行业发展的窗口期；判断行业拐点并做好应对工作。

（5）提供资源保障

资源保障是指企业为达成战略目标，需要投入的必要的人、财、物、信息等资源。

3.2　战略解码

战略解码是将企业战略转化为管理者和员工均可理解且可执行的语言及行动的过程，即将企业战略转化成每个人的绩效目标和工作计划，化企业战略为每个人的日常行动。通过战略解码，管理者和员工可以知道企业未来一段时间要重点做什么、不做什么，从而明确自己所承担的目标和责任。企业可以要求管理者和员工签订绩效合约或目标责任书，让管理者和员工知道自己要重点做什么才能帮助企业达成战略目标。

3.2.1　为什么要做战略解码

战略解码是战略落地非常关键的一步，很多企业花费了巨大的精力进行战略规划，但做完之后就放在档案柜里"吃灰"，被戏称"纸上画画，墙上挂挂，全部变成糊弄人的话"。这样的企业就没有做战略解码，如果不将战略落地为可执行的语言和行动，战略必然被束之高阁，纵使企业董事长或总经理大会小会天天讲，员工该干什么还干什么，战略永远无法落地。具体来说，没有战略解码，会出现以下几种情况。

（1）企业战略目标及策略不清晰，无共识，政出多门，不能形成合力。通过召开战略解码会议，企业可以把核心高管召集在一起，就企业战略目标的确定及达成目标的核心策略、实现路径等进行深入沟通，以达成共识。这样可以避免相同的战略因个人理解不同而造成企业内耗，或避免政出多门，企业经营之事"以一而成，以二三而败"。另外，企业召集高管进行战略解码，就企业发展的核心议题进行充分讨论，也有利于企业经营方式的创新。

（2）企业战略目标只有财务目标，或者财务目标过高。战略解码是将战略结构化和系统化的过程，通过战略解码，企业可以明确财务目标达成的关键路径和方法，同时明确支撑财务目标达成的市场目标和客户目标。在战略解码的过程中，如实盘点企业的市场和客户资源，可以避免财务目标不切实际。

（3）企业经营计划不明确、不具体、无法执行，经营预算不准，预算总是变化，计划执行和目标达成没有足够的资源保障；经营过程随意，无管控，个人甚至团队"跑偏"现象时有发生。

3.2.2　战略解码工具之战略地图

无论用哪种工具进行战略解码，其实都是对企业战略的再一次系统思考，然后将战略转化为可执行的语言、目标和行动。

战略地图是由哈佛大学商学院的罗伯特·卡普兰教授与咨询公司总裁戴维·诺顿在平衡计分卡的基础上提出的。他们发现很多企业只建立了战略框架，缺乏对战略具体、系统、全面的描述，这就导致企业管理者与员工之间无法就战略进行充分沟通，也无法达成共识。为帮助企业澄清战略并将战略结构化、系统化，罗伯特·卡普兰教授与戴维·诺顿发明了战略地图。战略地图是一种有效的战略解码工具，通过绘制战略地图，企业可以明确核心战略主题，消灭战略模糊点、缺失及盲点，同时将战略解码为可执行的语言，为战略落地执行打下坚实的基础。

战略地图的逻辑关系非常明确和直接，主要涉及四个层面：**财务、客户、内部流程、学习与发展**。这四个层面既互为因果，又相互支撑，企业可以从这四个层面思考战略，确定战略目标。具体如图 3-6 所示。

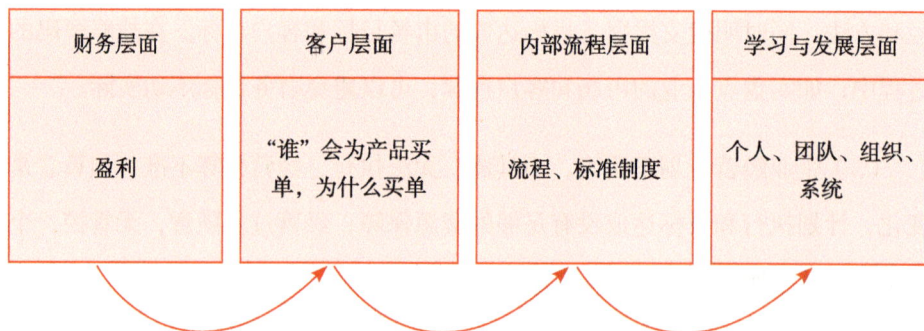

财务层面	客户层面	内部流程层面	学习与发展层面
盈利	"谁"会为产品买单，为什么买单	流程、标准制度	个人、团队、组织、系统

图 3-6　战略地图的逻辑关系

（1）财务层面

企业经营主要以盈利为目的，企业只有盈利，才有能力为员工提供更好的薪酬、福利待遇，才能为社会做出更多的贡献。股东价值（ROE，股东权益回报率）最大化是企业盈利能力的一种体现，我们可以用杜邦模型对 ROE 的构成进行分析：

$$ROE = 销售利润率 \times 资产周转率 \times 权益乘数$$

为了实现股东价值最大化，在财务层面，企业应提高销售利润率或资产周转率。

企业要想**提高销售利润率**，就要在产品研发、产品组合和商业模式上下功夫，这就是财务策略里的利润增长策略。利润增长策略有两条途径：一是拓展盈利机会；二是提高客户价值。拓展盈利机会需要企业寻找新的利润来源，可以是推出新产品，开发新客户，或者针对现有产品拓展新的应用领域；也可以是开拓新区域（或新市场），推出新的产品组合，或者改良、迭代升级现有产品，以上简称"五新一升"。提高客户价值涉及两个方面：一是提高现有客户的盈利性，即让客户多次购买，反复购买乃至推荐购买；二是让客户从买单品到买组合（模块），再到购买解决方案。

企业要想**提高资产周转率**，就需要提高销售额，或减少总资产。资产周转率的计算公式为：

资产周转率 = 总销售额 ÷ 总资产

提高资产周转率是一种生产力提升策略，主要有两条路径：一是加强资产利用率，让资产价值最大化，从而让单位资产创造更多销售额；二是优化成本结构，降低总资产的投入。

选择加强资产利用率这条路径的企业，多数是为大型价值链的链主企业生产配套产品的，如为华为公司生产基站天线等重要产品的企业、为知名汽车品牌生产零部件的企业等，一旦接入链主企业，将会有比较大且相对稳定的产品需求，同时链主对周边企业或供应商有持续降低成本的要求，这就要求企业管理好现有资产，提高生产能力，包括及时处理闲置机器设备和呆滞原材料，加大投资力度克服瓶颈效应，让生产线的效率最大化等。

企业若选择优化成本结构这条路径，需要采取的措施包括通过改善产品设计或可替代原材料开发来降低或延迟现金支出。浙江某企业就曾通过产品设计优化、改善等，使季度成本降低约 1 200 万元，帮企业节省了巨额现金支出，同时产品销量也有了较大的提升。很多企业家和投资人都偏好做轻资产运营，将生产外包、服务外包，集中精力攻克价值链中附加值较高的环节，以此来减少企业的资本占用。目前国内很多芯片设计企业（无晶圆厂模式）就是采取的这种模式，这些企业专注于做芯片产品设计和销售，而将需要重资产投入的晶圆生产和芯片封装测试部分委托给外部企业。

（2）客户层面

在客户层面，企业要知道客户从"哪里"来？也就是说，"谁"会为产品买单、为什么买单？企业找到这个"谁"，就找到了客户，这是企业成功的关键。如上所述，企业在绘制战略地图时要重视财务策略，财务策略直接决定了企业是升维还是降维。而不同的财务策略和路径，又需要不同的客户策略。客户策略涉及两个重要内容：一是进行客户画像，二是提升客户满意度。

客户画像是根据客户身上的典型自然特点、社会特点、生活习惯及独特的消费行为等信息，而抽象出的一个标签化的"客户"。企业构建客户画像的核心是给客户"贴标签"，然后通过标签快速识别和筛选出目标客户，从而避免在非目标客户上做"无用功"。

客户画像包括静态特点、社会特点、消费特点、行为特点、心理特点五个维度，通过这五个维度的分析，客户定位会更真实、准确。**静态特点**是指客户不变或一定时间内相对不变的特点，如个人客户的年龄、性别、学历、角色、收入、地域等，企业客户的规模、行业、成立时间、地域等。根据产品不同，商家关注的客户的静态特点有很大差异，如做线上产品的商家，它们不太关注客户的年龄、地域特点，而做教育类产品的商家，则更关注客户的年龄、地域特点等。**社会特点**主要指客户的社交方式。**消费特点**主要指客户的消费水平、消费偏好等，如客户消费时是倾向于产品的艺术性还是实用性、品牌还是性价比，或是出于一种情感诉求，如有些人更愿意购买民族品牌的产品等。**行为特点**主要指客户的日常行为特征，如客户经常运动、经常加班、喜欢旅游、喜欢玩游戏等。**心理特点**则能够体现客户的心理状态，如客户的心态是积极的还是消极的，好胜心及好奇心是强还是弱等。

按照商业模式的不同，客户画像主要分为三类：B2B（企业对企业）、B2C（企业对个人）、B2G（企业对政府）。B2G 的客户画像相对简单，只需要明确客户属于哪个级别的政府部门及相关职能部门。下面主要介绍 B2B 和 B2C 的客户画像。

B2B 的客户画像较为复杂，不但涉及企业客户的特征，还涉及客户关键决策人的职业特征及个体特征，具体如表 3-3 所示。

表 3-3 B2B 客户画像

特征维度		内容
企业客户的特征		行业类别、业务类别、员工人数、营收情况、预算额度、决策链，以及企业文化、产业链位置、发展阶段等
客户关键决策人的特征	职业特征	决策链位置、职位、职能、希望解决的问题、职位诉求、过往合作及对产品使用情况的反馈等
	个体特征	年龄、性别、工作年限、兴趣爱好、个人诉求等

B2B 产品采购决策是一个较为复杂的过程，涉及的对象较多，如产品使

用者、接收者、下订单者、决策者、影响者、投资人等。对此，企业经营团队要认真分析客户的采购决策链，找到成交过程中的关键决策人。只有找到关键决策人，企业的营销策略才是有效的。我曾为一家北方企业提供过咨询服务，在和该企业决策层一起分析客户的采购决策链时，我发现在成交过程中，客户的关键决策人居然是其外部的机构，使用者和投资人仅仅是提出自己的需求而已。这就说明这家企业前期没有做好客户画像，没有找到客户的真正决策人。企业在做客户的产品采购决策链分析时，可以采用图3-7中的五步法。

图 3-7　产品采购决策链分析五步法

B2C的客户画像相对简单，主要关注客户的年龄、性别、兴趣爱好、社交方式等。例如，某品牌手机的目标客户画像为年龄在20~35岁的男性，他们爱好直播聊天、动漫等；某电动汽车在美国的目标客户画像为年龄在38~54岁拥有个人房产的高收入男性。B2C商业模式下的客户画像可以通过四个步骤完成，即确定标准、选择样本、收集信息、进行客户画像。这个过程中，企业需要深入洞悉目标客户的需求。对于客户画像，企业不能仅做一次，需要持续做、反复做，以逐步加深对客户需求的认知，进而确定企业的销售领域与经营方向。

确定客户画像后，相应的策略就很清晰了，企业要针对目标客户进行重点服务，以提升客户的满意度、复购率及推荐购买的比率等。要提升客户满意度，企业须先找准客户的关注点，分析客户的价值主张。客户的价值主张及对应的需求层次如表 3-4 所示。

表 3-4　客户的价值主张及对应的需求层次

类别	客户的价值主张	需求层次
产品或服务本身的属性	交期、质量、价格、实用性、选择性、产品功能、售后服务	使用需求 安全需求
企业与客户的关系	客情关系、股权关系、联盟关系等	社交需求
形象	产品或服务的品牌形象等	品牌价值需求

我一直认为产品或服务本身的特性是商业合作的基础，如果产品力不够，即使产品的形象再光鲜、企业与客户的关系再好，合作也很难持久。在提升客户满意度方面，首先，企业要集中精力解决客户抱怨和投诉最多的问题，常见的如产品交期、产品定价、产品质量及售后服务等方面的问题。其次，企业要培育未来的竞争优势，如针对交期，提高企业整体的生产运营效率；针对产品定价，在产品设计、材料开发、生产等环节下功夫，从源头上降低成本，从而降低产品定价。

实务中，企业可以根据自身的商业定位选择目标客户，满足目标客户的核心诉求。例如，对于酒店来说，客人的常见诉求包括价格优惠、整体环境好（优美、安静、整洁、卫生）、床铺质量好、房间宽敞、服务质量好、餐饮及休闲娱乐设施齐全等。但每个酒店的战略布局是不一样的，如某连锁经济型酒店（以下称 H 酒店），其目标客户为商旅客人，针对这类客人的特点，其选择做好三项服务，即环境安静、卫生、床铺质量好，其他则做到平均水平或者舍弃，并在此基础上降低价格。这就满足了大部分普通商旅客人的基本诉求：休息好，不影响第二天工作，价格低。H 酒店的战略布局与价值曲线如图 3-8 所示。

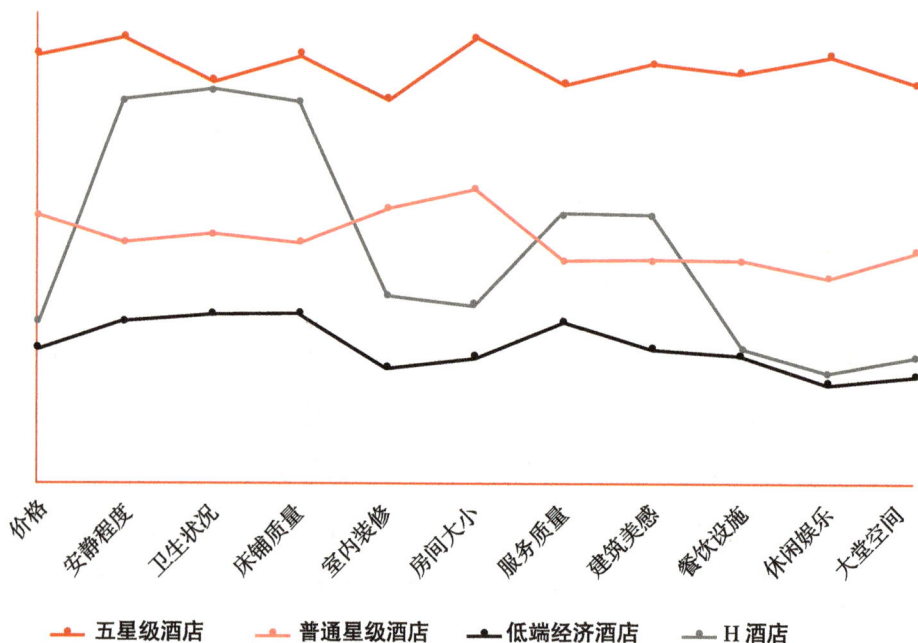

图 3-8　H 酒店的战略布局与价值曲线

典型案例分析

保健品"脑白金"的目标客户

保健品"脑白金"对目标客户的准确定位使其在营销战略上取得了成功。根据"脑白金"的宣传，该产品有助于改善睡眠质量，脑白金公司一开始也将这个产品的目标客户定位成睡眠质量不好的老年人。公司认为老年人对该产品既有需求，又有支付能力，于是便在试点区域针对老年人打广告，开展营销活动，结果效果并不好。后来公司经过调研发现，很多老年人确实存在睡眠质量差的问题，他们也有支付能力，但是不愿意或者说不舍得在这方面为自己花钱，而更愿意把钱留给子女。对此，公司改变了营销战略，将"老年人自行购买"改为"他人购买后赠送"，于是有了那句"送礼只送脑白金"。前后两个营销战略最大的区别是目标客户，即付钱的人发生了变化。这一战略上的成功帮助脑白金公司获得了快速发展。

（3）内部流程层面

在内部流程层面，企业要建立和持续完善跟产品生产、质量、售后有直接关系的流程，如产品设计流程、原材料检验流程、生产流程及售后服务流程等，以及相关制度和标准。在战略地图中，我们将流程、制度和标准统称为系统。简单来说，企业满足客户的价值主张与核心诉求不能靠某个人，而要靠系统，其主要包括四个方面的内容：营运、客户管理、创新和监管。

营运是从发现客户需求到满足客户需求的过程，这个过程主要满足的是客户对效率、成本和质量的要求。

客户管理是发掘客户、争取客户、保留客户和客户裂变的过程，这个过程的核心是确保客户数量足够多、提高客户的满意度。

创新是为了及时抓住新的趋势和机遇，促使企业跨越式发展。

监管是为了确保企业的经营符合国家、地区和社区的各项规章制度，确保企业经营合法合规，不逾矩。

（4）学习与发展层面

市场环境复杂多变，客户的需求也在不断变化，有些客户会因产品质量优、交期短、价格低、售后服务好而买单，也有客户因产品的品牌知名度高、标准化生产而买单。为了适应市场、抓住客户，企业应深入分析、挖掘客户的需求与购买动机，建立并持续完善相关流程、制度和标准，以确保客户付款行为的可持续性。

在这种背景下，就要求企业构建学习型组织，通过个人、团队、组织的学习和发展去支撑企业相关流程、制度和标准的完善与升级。其中，在个人层面，企业要关注员工个人的工作态度和能力；在团队层面，企业要关注团队共同的目标、责任机制、激励机制等；在组织层面，企业要关注企业文化建设、跨部门协作等。除了这三个层面，企业还要关注自身的信息系统与自动化、数字化运营系统的建设、落地及应用，以大幅度提升企业的整体运营效率。

图 3-9 是一个战略地图示例，供大家参考！

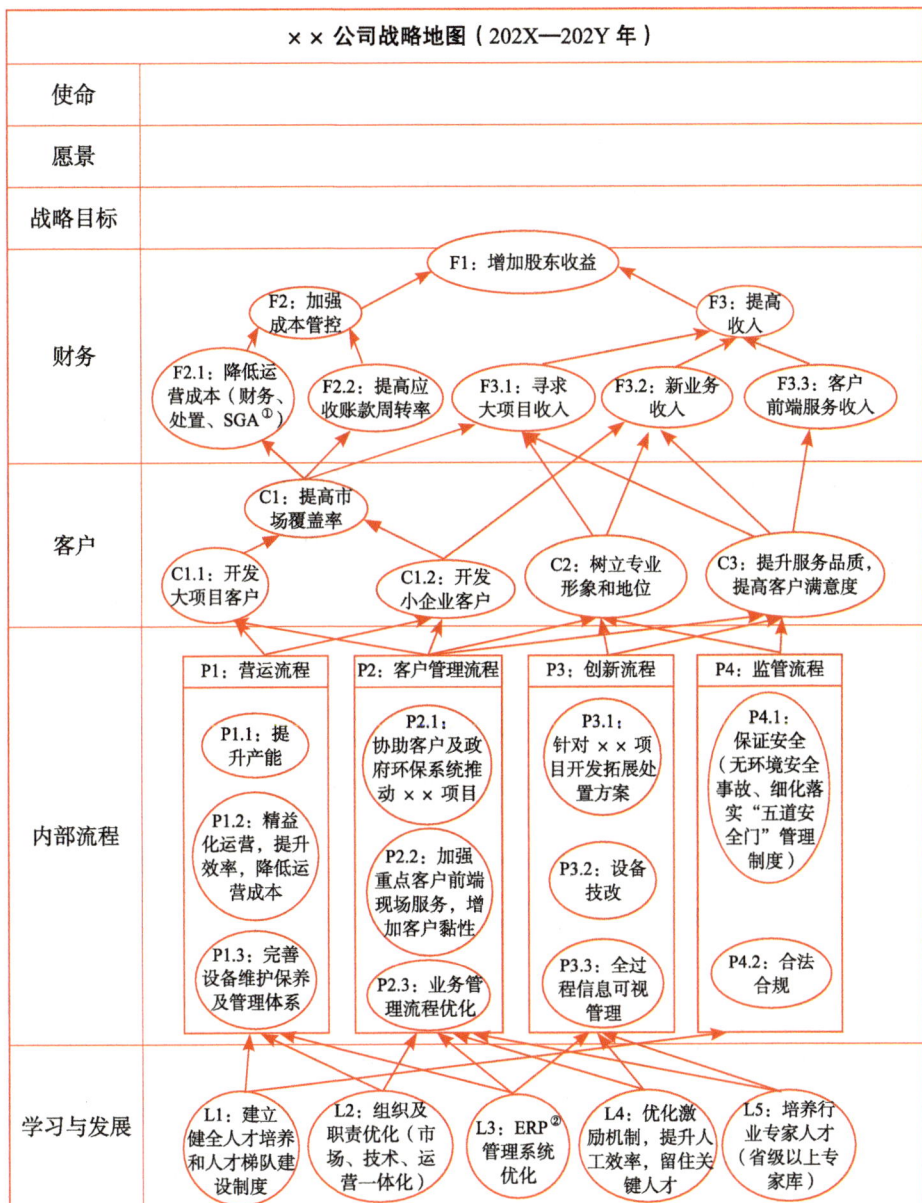

图 3-9 战略地图示例

注：① SGA 指销售、管理及行政成本；
② ERP 指企业资源计划。

3.2.3　应用战略地图进行战略解码的步骤

随着外部环境不断变化，企业可以根据自身的经营与发展情况确定战略解码周期，如每季度或半年进行一次战略解码，通过战略解码及时优化和调整企业战略。适时进行战略解码，一来可以确保企业战略质量，使企业战略与外部环境相契合；二来可以避免员工的工作与企业战略脱节。企业可以应用战略地图进行战略解码，主要分为以下七个步骤。

第一步，扫描企业内外部环境。在战略解码前，企业应对自身所处的内外部环境进行扫描，并做出分析，重点分析内外部环境的变化。如果是再一次的战略解码，企业要分析从上一次战略解码到现在，内外部环境是否发生了新的变化，是否从中发现了新的机遇或风险；原来认定的机遇有没有新的变化和趋势，风险是否还存在等。

第二步，确定企业战略目标。战略解码开始后，企业应对自身使命、愿景及核心价值观进行深入检视，确定或修正企业战略目标。

第三步，设计财务策略。企业财务策略的核心是收入、利润和现金流，这关乎企业的发展，决定了企业在产业链和价值链中的位置。

第四步，设计客户策略。首先，企业要进行客户画像，明确目标客户。我经常跟学员们讲"客户是最好的老师"，企业经营者、管理者要多花时间和客户在一起，多倾听客户的意见和建议，这样才能深入洞悉客户，和客户同频共振，把握客户的价值主张，争取和客户一起共创、迭代产品或服务。

第五步，明确内部流程策略。企业应针对客户需求设计、优化和升级内部流程，包含运营流程、客户管理流程、创新流程和监管流程。相关步骤可参考埃隆·马斯克（Elon Musk）提出的高效五步法（以下简称马斯克高效五步法），如图 3-10 所示。

图 3-10 马斯克高效五步法

一是明确需求，即客户或企业内部上下游提出来的明确需求，企业要确保需求本身是正确的。其中，客户需求来源于客户价值主张分析。

二是建立流程，即根据需求建立流程。流程必须是为满足需求而建立的。

三是持续优化，即根据流程实施的情况持续优化，确保流程始终处在高效的状态，删除那些冗余的、非必要的、不能创造价值的流程步骤。

四是快速迭代，在流程持续优化的基础上加快迭代节奏。优化可以理解为小修小补，流程迭代可以理解为将流程推倒重来或者做出较大的变革。当然，无论是流程优化还是流程迭代，目的都是满足客户的需求。

五是自动化，流程自动化可以理解为流程无人化、软件化或数字化，目的是提升效率。

马斯克高效五步法的每一步都是为了让流程高效、高效、更高效，而且改进是无止境的。马斯克在总结五步法的时候，曾多次想打乱这五步，例如，将自动化提前，但他后来发现，盲目将自动化提前，不但不能提高效率，反而会降低效率。

马斯克将高效五步法应用到企业经营与特斯拉汽车生产中，使企业整体的运营与生产效率得到了很大提升。运营与生产效率的提升意味着资金周转速度及利用效率也将大幅提升，最终将反映在企业利润上。

第六步，设计学习与发展策略。设计学习与发展策略的目的是满足企业高效流程管理对人才、团队和组织的需求。简单来说，就是企业要想实现高效流程管理，需要匹配优秀的人才、团队和组织。对此，企业应盘点人力资源现状，思考能否满足这一需求，差距和不足有哪些、如何弥补等。

第七步，形成公司目标责任机制。通过对以上六步进行总结和提炼，企业可以形成公司级战略目标，然后将公司级战略目标分解成管理者与员工个人的目标和责任，最后形成"千斤重担众人挑，人人肩上有指标"的公司目标责任机制。

图 3-11 是某公司的战略主题及对应的绩效指标。每个战略要素（图左侧栏）即图中的每一个椭圆对应一到两个绩效指标（图右侧栏），当把所有的战略主题对应的绩效指标汇总，合并同类指标，以及把对应数值填写在对应的位置后，就会形成公司级战略目标和策略，如表 3-5 所示。

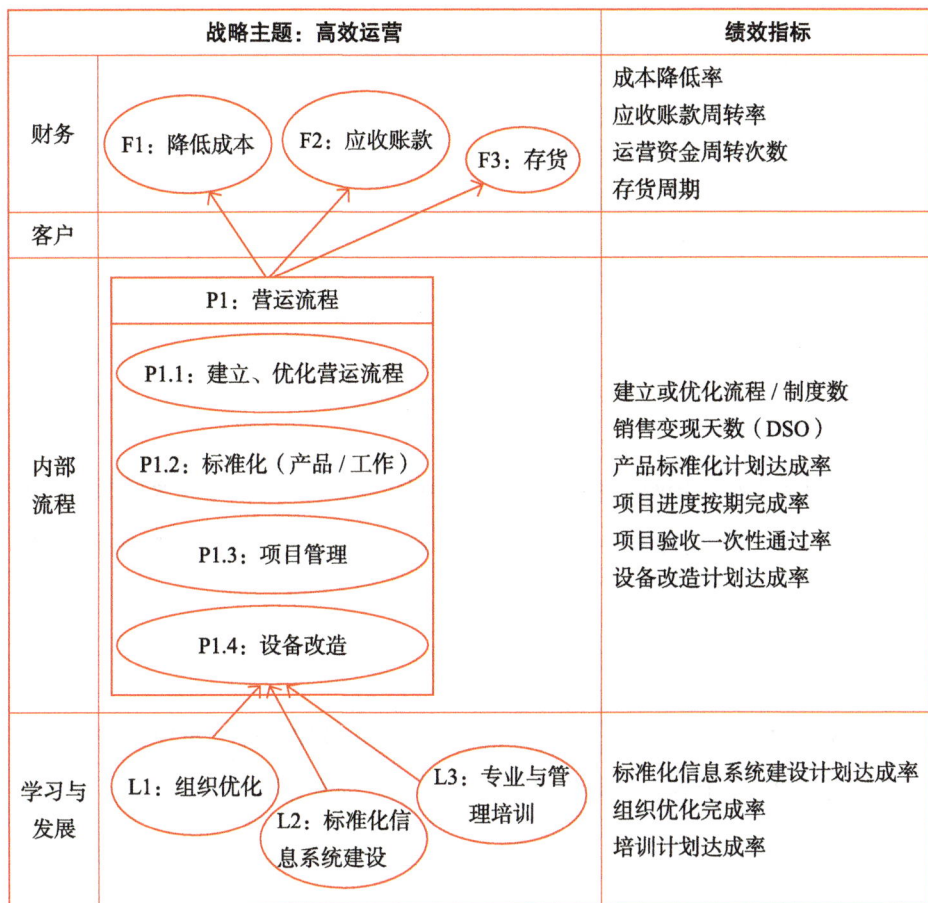

图 3-11　某公司的战略主题及对应的绩效指标

表 3-5　公司级战略目标和策略

序号	项目	目标 / 策略	备注
1	财务	销售额	以合同额为准
2		净利润	以到账额为准
3		新产品销售额	
4	客户	A 类客户数量	符合公司 A 类客户标准
5		客户满意度	

（续表）

序号	项目	目标 / 策略	备注
6	内部流程	准交率	
7		销售额达到 2 亿元的新产品数	上市 48 个月内
8	学习与成长	奋斗者的比例	
9		"灯塔工厂"（高端制造）验收通过	

3.2.4 战略解码工具之业务领先模型（BLM）

业务领先模型（Business Leadership Model，BLM）是一个完整的战略解码工具，是由 IBM 公司和哈佛大学商学院共同研发的一款系统的战略解码工具。

（1）BLM 的构成

BLM 由企业中高层领导力提升、战略制定、战略执行、企业的核心价值观设计及落地、战略执行结果复盘五部分构成，具体如图 3-12 所示

从图 3-12 可以看出，第一部分即最上面为企业中高层领导力提升，一个企业的转型、变革和发展归根结底是由企业中高层领导力来驱动的；第二部分为战略制定，包括市场洞悉、确定战略意图、选择创新焦点及业务设计四大模块；第三部分为战略执行，包括明确关键任务、匹配人才队伍、设计组织体系和营造文化氛围等步骤；第四部分为企业的核心价值观设计及落地，这部分是确保企业战略落地的重要内容；第五部分为战略执行结果复盘，即看企业是否抓住了市场机遇、战略目标是否达成、业绩是增长还是下降了、差距有多大及如何弥补等。

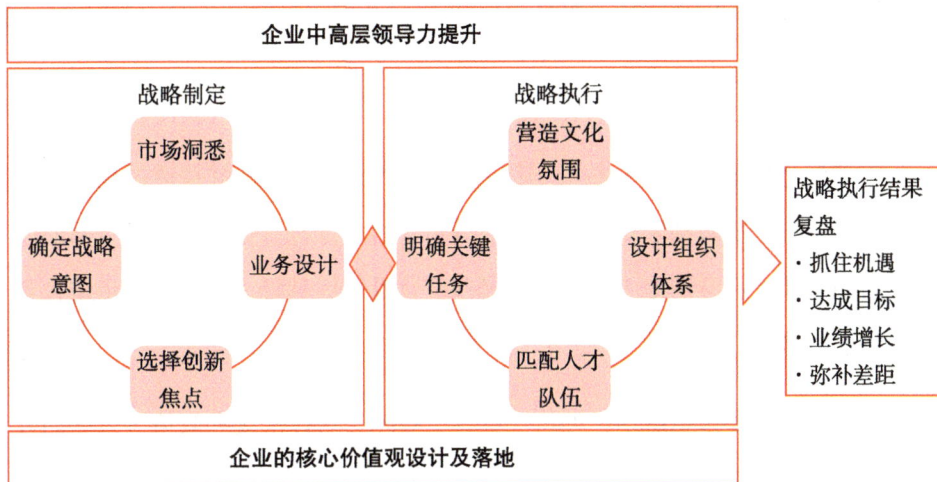

图 3-12　BLM 的构成

差距包括业绩差距和机会差距。**业绩差距**是指实际销售业绩与目标业绩之间的差距，如企业制定的年度销售目标是 50 亿元，但最终仅完成 45 亿元，剩下的 5 亿元就是业绩差距。那么，业绩差距到底是从哪里来的呢？为什么会产生这样的差距？是目标制定的问题还是执行力不够？对此，企业要寻根溯源，从中寻找差距的成因。**机会差距**是指目标市场有机会，但企业却不能提供对应的产品或服务。例如，新能源汽车市场火爆，消费者对新能源汽车有极大需求，但企业只生产和销售传统汽车，这就是机会差距。对于机会差距，企业应深入分析差距产生的原因，是没有预测到市场与消费者需求的变化，还是不具备研发能力，进而制定应对方案与弥补措施。简单来说，业绩差距一般要靠执行力、资源投入去弥补；而机会差距主要靠战略决策及研发设计来弥补。

（2）战略制定的四大模块

如上文所述，BLM 中的战略制定包括市场洞悉、确定战略意图、选择创新焦点及业务设计四大模块，具体内容如下。

市场洞悉

市场洞悉不是"市场分析"，其与市场分析最大的区别就是透过现象看本质。市场洞悉主要包括宏观分析、行业分析、客户分析、竞争分析四方面的内容，目的是让企业清楚地了解市场有哪些变化及发展趋势，从而制定出适合企业发展的战略。

宏观分析主要包括政治、经济、社会、技术、法律法规和政策等方面的分析。随着社会的发展与市场竞争的加剧，一些传统业态逐渐消失，而一些新业态、新模式不断涌现，形成了完全的新市场。对此，企业不能局限于行业与业务视野，而应针对大的宏观环境进行分析，如政治、经济、社会的发展趋势与走向，未来是否会出现新的市场机会，哪些业态存在被颠覆的风险等。

行业分析主要针对行业的产业链、行业结构、供求关系、交易形式等进行分析。

客户分析主要针对市场分类及每个细分市场的规模、客户的特征和购买特点等进行分析。

竞争分析主要是分析竞争者是谁，竞争者的优势、劣势及竞争策略。企业可以采用前文提到的"五力模型"进行竞争分析。

确定战略意图

简单来说，战略意图就是企业战略的思考点，如企业要进入或退出哪些领域、在哪些地域经营、未来想要达到什么规模等。战略意图的主要内容包括企业愿景、战略目标及年度目标。例如，企业未来五年的销售回款目标要由现在的 1 亿元变成 20 亿元，那么，何时能达成 5 亿元、何时能达成 10 亿元、何时能达成 15 亿元，这些里程碑节点都包含在企业的战略意图中。

选择创新焦点

创新焦点可以理解为企业战略控制点。关于创新焦点，任正非曾提出"一点两面""力出一孔""聚焦在一点"等，简单来说，就是企业要把优势资源集中在某一个点上并做到最好，从而扎好"篱笆墙"，挖宽"护城河"，让竞争者无法在短期内追上来。典型的例子就是华为公司曾将优势资源集中在手机的拍照功能上，极大提高了手机拍照效果，从而带动了手机销量的快速提升。

创新焦点的选择非常考验企业对行业、对竞争对手以及对客户的洞悉能力。企业只有深入了解行业、竞争对手及客户，才能找到好的创新焦点，从而实现快速发展。企业可以通过洞悉行业成功者或客户需求确定创新焦点，特别是客户尚未被满足的显性需求和隐性需求。企业既可以将创新聚焦于产品或服务本身，也可以聚焦在生产与运营模式上，总体来看，选择创新焦点有三个不同的层级：

一是聚焦在与同行相比成本优势超过 30% 的项目上，很多企业产品能够进入国际市场靠的就是这一点；

二是聚焦在产品的技术、功能、性能、品质领先，以及企业品牌塑造、客户关系维护、抢占市场份额及价值链控制等方面；

三是聚焦在标准制定及专利组合申请上。

业务设计

业务设计就是商业模式设计，包括客户选择、价值主张、渠道通路、客户关系、关键业务、核心资源、重要合作、成本结构及收入来源共九个方面的内容，如图3-13所示。

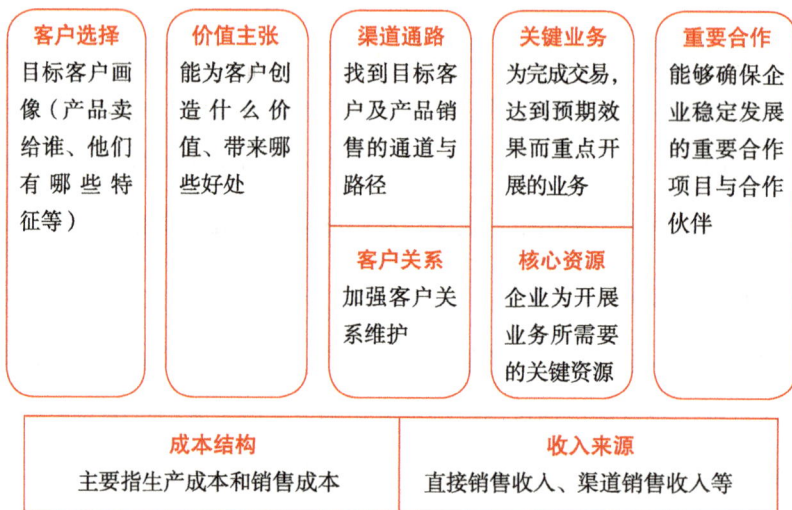

图3-13　业务设计的内容

客户选择的关键是企业要知道目标客户在哪里，也就是说产品卖给谁、他们有哪些特征，企业可以通过目标客户画像将客户具象化。例如，某零食企业就通过客户画像将目标客户定位为女大学生，然后针对这一客户群体展开一系列营销活动。

价值主张是对客户需求的进一步描述，企业应深入挖掘客户需求，根据客户的价值主张提供产品或服务。对此，企业要重点关注两个问题：企业能为客户创造什么价值，相关产品或服务能给客户带来哪些好处。

渠道通路是指找到目标客户及产品销售的通道与路径。例如，手机可以通过电商平台销售，也可以通过线下门店销售，对此企业要做好选择。

客户关系是指企业为达到经营目标，寻求双方利益上的共赢，主动与客户建立的某种联系。客户关系是企业发展的命脉，企业要加强客户关系维护。企业可以通过公众号信息分享，以及会员日、促销日等营销活动与客户建立紧密的关系，同时做好售后服务工作。

关键业务是指企业为完成交易，达到预期效果而重点开展的业务。关键业务一般会聚集企业优势资源，例如，针对手机业务，有的企业只做手机设计与销售，手机生产则外包给其他生产厂商；也有企业只做手机的品牌建设与销售，将手机设计、生产和售后服务等业务外包。

核心资源是指企业为开展业务所需要的关键资源，例如，手机品牌建设就需要有强大的人才资源和资金储备，以及强大的供应链资源。

重要合作主要指能够确保企业稳定发展的重要合作项目与合作伙伴，如手机企业的合作伙伴包括手机生产厂商、设计商、核心零部件供应商、重要的媒体资源与平台等。

成本结构即成本构成，这里主要指生产成本和销售成本，如一部手机的成本为2 000元，其中手机设计成本300元、生产成本1 400元、广告成本300元。

收入来源是指企业的销售收入从哪里来，包括直接销售收入、渠道销售收入等。

业务设计通常涉及以上九个方面，也有企业会进行风险分析、业务的持续性分析等，以确保业务开展的可持续性。

（3）战略执行的步骤

从图 3-12 中可以看出，战略执行分为明确关键任务、匹配人才队伍、设计组织体系和营造文化氛围四步，具体内容如下所述。

明确关键任务

战略执行的第一步就是要把战略转化成关键任务，通过关键任务去达成企业的战略目标。关键任务的来源主要为"三看"：一看差距、二看战略意图、三看业务设计。

一看差距，差距分析是战略规划的起点，企业通过对差距及差距产生的原因进行分析，可以得出关键任务。

二看战略意图，战略意图既包括战略目标，也包括里程碑目标，企业可以根据里程碑目标来确定未来一段时间内的关键任务。

三看业务设计，企业可以通过业务设计明确目标客户的价值主张，然后根据客户的价值主张，围绕提升客户满意度来确定关键任务。

匹配人才队伍

落地战略、执行战略、达成战略目标，人才是不可或缺的重要因素。任务的有效执行与战略目标的达成需要优秀的人才队伍做支撑，这就需要企业做好人才队伍建设与管理。不同的战略需要匹配不同的人才队伍，如果企业只做手机品牌建设和市场营销，那么企业的核心人才队伍就应该由品牌人才和市场营销人才构成；如果企业既做手机品牌建设和市场营销，同时也做研发设计，那么企业的核心人才队伍中就要增加研发设计人才。

设计组织体系

任正非曾讲："人才不是华为的核心竞争力，对人才的管理才是！"企业要想充分发挥人才价值，就要设计科学的组织体系。组织体系包括组织架构、部门及岗位职责、重要流程、绩效考核和激励机制等。如果战略周期是三到五年，那么企业在设计组织体系时，就需要考虑未来三到五年的组织架构及组织运转效率。科学的组织体系设计，有利于提升组织内部的信息共享效率、流通效率及客户服务效率，进而提升整个组织的运作效率，保障关键任务的达成。

营造文化氛围

除了人才队伍及组织体系构建，企业文化氛围的营造也对战略目标达成起着决定性作用。即使同一个人，在不同的工作氛围、组织文化下，业绩也往往会有很大差异，因此企业要营造出有利于员工能力发挥，能够帮助员工创造佳绩的企业文化氛围，让员工认同企业文化，与企业的价值观保持一致。例如，很多企业文化强调"以客户为中心"，将"满足客户需求，持续为客户创造价值"作为企业的核心价值观，并引导员工的个人价值观与此相契合。员工只有认同企业文化，与企业的价值观相契合，才能全身心投入工作，高效地完成工作任务与目标。

总体来看，战略地图和 BLM 模型是目前常见的两种战略解码工具，战略地图的优势在于系统性更强，可以帮助企业系统地思考发展战略，让企业战略结构化、系统化，避免战略出现碎片化、模糊化和不断变化等问题。BLM 模型的优势在于"选择创新焦点"的提出和落地，它让企业找到了在竞争中获胜的关键点；但其也存在不足，即战略目标不够系统。实务中也有企业先用 BLM 模型来解码战略，然后在明确战略意图环节套用战略地图，这也是战略解码工具应用上的一种创新。

第 4 章　绩效指标设计与考评

　　企业开展战略绩效管理，目的是制定战略、解码战略、分解战略目标，形成自上而下的**目标责任机制**，然后通过**管控机制**确保执行过程不跑偏，通过**激励机制**确保团队与员工的执行力和积极性，最后通过**复盘和持续改进**促使企业及员工个人不断进步与发展。

　　根据企业战略和目标责任机制的形成与呈现方式的不同，常见的战略绩效管理模式分为两种："战略地图 +KPI"与 "BLM+PBC"。"战略地图 +KPI"模式是用战略地图来制定企业战略，用 KPI 来分解战略，形成自上而下的目标责任机制。简单来说，"战略地图 +KPI"模式就是将战略地图、KPI 表、行动计划表相结合，形成 "一图两表"的战略绩效管理模式。由于企业的性质、发展阶段和管理人员的成熟度不同，后来又衍生出 "战略地图 +BSC""战略地图 +OKR"等模式，但本质上都是 "战略地图 +KPI"模式。"BLM+PBC"战略绩效管理模式是用 BLM 来制定企业战略，用 PBC 来分解企业战略。

　　无论哪种战略绩效管理模式，最终都是以绩效指标的形式呈现在管理者和员工面前，通过绩效指标及对应的目标值把企业战略转化为每个岗位和每个人的目标与责任，形成企业目标责任机制。

4.1　绩效指标设计

4.1.1　绩效指标设计存在的问题

绩效指标设计是企业战略绩效管理的重要组成部分，企业经营者与管理者需要花费较多的精力去思考和斟酌这项工作。实务中，企业在设计绩效指标时，普遍存在一些问题，可简单概括为"四无一缺"：无战略导向、无价值、无重点、无标准、缺乏针对性。

问题一，无战略导向。

有些企业经营者一提到企业战略能滔滔不绝说一天，但没有重点，让人听不出该企业的战略到底是什么。企业战略如果不能用一句话说清，那么经营者所有的阐述都只不过是个人的思考而已，还没有形成明确的企业战略，没有在企业中达成共识。战略如果没有在企业中达成共识，是不可能分解和落实到绩效指标中的，绩效管理的战略导向性必然会成为一句空话。

无战略导向的绩效指标一般是从员工岗位职责或者工作流程中提炼的，或者各部门自己提炼、拟订绩效指标。这样做的结果可能是部门及员工的绩效考评成绩很好，但企业整体业绩一般，没有提升。为什么会出现这种情况呢？原因在于，部门在制定绩效指标时会降低难度，绩效指标较容易达成，不具有挑战性。殊不知，具有挑战性的绩效指标才是有价值的。另外，无战略导向的绩效指标会导致员工努力的方向不同，从而形成内耗。具体的体现是，企业管理者和员工在日常工作中争论很多、会议很多、沟通很多，但难以形成共识。

问题二，无价值。

从本质上说，企业存在的根本价值是满足客户需求，并通过满足客户需求获得价值。因此，如果企业制定的战略目标和绩效指标不以客户为导向，就是没有价值的。这里的客户既包括企业的外部客户，也包括企业内部客户（如生产部是采购部的客户，员工是行政部的客户等）。客户或者服务对象就是部门或员工存在的价值，试想一下，如果一个企业的人员很少，人力资源部存在的价值就不大。

在实际工作中，存在大量没有价值的绩效指标，如市场营销部的营销活动数、营销方案数，研发部的新产品数量等绩效指标，这些绩效指标表面上看没什么，实际问题非常大。这样的绩效指标会浪费企业大量的资源和有生力量。如果用营销活动数、营销方案数作为市场营销部的绩效指标，可能会导致出现大量无效的营销活动，这既浪费企业资金又浪费人力；如果将新产品数量作为研发部的绩效指标，可能会导致研发部只追求新产品数量而不看质量，新产品虽然多但卖不好，这样一来，企业不仅浪费了大量的资源，还做了很多无价值甚至负价值的工作。总之，**考核指标牵引员工行动的方向，**如果绩效指标设置没有价值导向，员工盲目做事，结果只会事倍功半。

问题三，无重点。

有些企业的绩效考核项目非常多，员工的工作态度要考核、业绩要考核、创新能力要考核、团队精神要考核、考勤要考核，甚至连交不交工作计划表都要考核，这样做会导致绩效指标过多，员工找不到工作重点，企业也无法将"优势兵力"集中到重点目标上。为什么会出现这种情况呢？关键原因在于，企业的主要发展方向与战略目标不明确，企业没有做系统的战略规划与目标执行计划等。

问题四，无标准。

实务中，很多企业的绩效指标不能衡量、不能具体化，完全没有标准或者标准太宽泛，经常会变化，这些其实都属于绩效指标无标准。无标准的绩效考核自然缺乏公平性。

问题五，缺乏针对性。

绩效指标必须根据每个部门、每个团队、每个岗位的特点和问题有针对性地进行设计。有些企业将利润、销售额、生产计划按时完成率、产品质量等常见的绩效指标作为部门和团队的整体考核指标，不分解到员工个人，这样的绩效考核就像吃"大锅饭"，做得好大家都好，做得不好大家都不好，区分不出优劣。绩效指标缺乏针对性，会导致企业难以选拔出优秀的人才。更重要的是，对于存在的问题，企业难以追根溯源，不知如何改进，这就让绩效管理失去了持续改进、持续提升的功能。

4.1.2　绩效指标设计的指导思想

罗伯特·卡普兰曾说："你所考评的正是你想得到的。高级经理人都懂得，组织的考评体系会对经理和雇员的行为产生强烈的影响。"这句话是英文直译过来的，大家可能觉得晦涩难懂，简单来说，就是**"要什么就考核什么，考核什么就能得到什么"**，这也是目前业界公认的，绩效指标设计的核心指导思想。

曾有这样一个案例：

　　某年春节前，A公司为了在新年有个新气象，决定把工业园的草坪重新修整一番。春节前夕，很多园林工人都回家准备过节了，施工队伍不好找。后来，公司好不容易找到了施工队伍。起初几天公司按天数给工人算工钱，这些人每天最多处理6 000平方米草坪。工程很急，但进度缓慢。公司管理人员意识到按照这样的速度施工，是无法保证工期的。于是，公司改变了策略，规定在严控质量的前提下，从按天算工钱，改成按处理草坪的面积算工钱。结果，还是这些人，还是这片草坪，还是一样的工具，工人处理草坪的速度提高了很多，一天突破了10 000平方米，劳动效率比之前有了明显提高。

　　对于这个案例，我们可以从以下两方面进行分析。

　　按天算工钱。 A公司最初是按天算工钱，即考核指标是天数。潜台词是，工人只要工作一天，不管处理多少草坪，都可以拿到同样的工钱。反正干多干少都一个样，工人干活的效率自然不高。这显然和公司要工程队尽快把草坪处理完的目标不一致，简单来说，就是"要"的和"考"的不一致。时间一长，工人就会养成低效工作的习惯，这时公司再想提高工人的工作效率就会非常困难！

　　按处理草坪的面积算工钱。 后来，在严控质量的前提下，A公司决定按照处理草坪的面积算工钱，即考核指标是草坪面积。潜台词是，只要工人处理的草坪符合要求，处理面积越大收入就越多，属于典型的多劳多得，工人的工作效率自然高。这和公司要工程队尽快把草坪处理完的目标是一致的，简单来说，就是"要"的和"考"的完全一致。在这样的氛围和环境下，工人就会养成高效的工作习惯，最终实现企业和工人的共赢。

从以上分析不难看出，每个绩效指标都有"潜台词"，企业经营者与管理者要善于分析绩效指标的"潜台词"，判断该绩效指标是不是企业想要的。例如，对于新产品研发数量这个绩效指标，从其字面看没什么问题，但认真分析后会发现，该指标并不适合列入员工的绩效考评中，该指标的"潜台词"是"新产品越多越好"，但企业要的并不是新产品多，而是适销对路的新产品多、爆品多。

除了上述案例，浙江一家企业也以"要什么就考核什么"为原则，重新梳理、改进了企业的绩效指标。当时，该企业发现有 28 处绩效指标"要"的和"考的"内容不一致。例如，按工作时长给生产线上的工人发绩效工资，其"潜台词"是要工人延长工作时间，通过延长工作时间来增加收入，而实际上，企业要的是他们工作的产出成果。后来，企业实施计件制，按产出量给工人发绩效工资，即产出越多工人收入越高，这就符合了"要什么就考核什么"的原则。试点一个月后，该生产线的整体工作效率提高了 180%。

总之，企业绩效考核不能追求全面性，正确的绩效考核是要抓住重点，在确定绩效指标时，应先考虑企业最想要的是什么，需要部门和员工做什么，做好的标准是什么。只有"要"的和"考"的内容一致了，才能确保个人、团队的工作效率大幅提升，企业高效运行。华为公司和谷歌公司经常强调的"对齐"，说的就是这个意思。

4.1.3　绩效管理推动业务发展的底层逻辑

通过上述案例分析可以发现，绩效指标不同，员工的行动就不同；员工行动不同，绩效结果就不同。这不但是绩效管理工作的原理，更是绩效管理推动企业业务发展的底层逻辑，即通过绩效指标设计，促进各业务领域员工的行动发生企业所期望的变化，进而达成企业期望的结果，如图 4-1 所示。

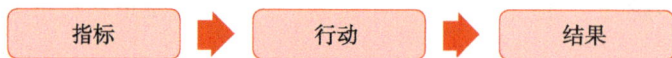

| 指标 | ➡ | 行动 | ➡ | 结果 |

图 4-1　绩效管理工作的原理

指标不同行动就不同，行动不同结果就不同，可见，直接改变结果的是行动，行动才是改变的关键。这也解释了为什么一定要把战略转化为指标，最终目的是转化为行动，只有行动才能直接创造结果。

行动的重要性在培训管理中也多有体现，"柯氏四个层面"（反应、知识、行动、绩效）是培训效果评估的经典方法，我们从中可以看出，**行动是评估培训效果的重要内容**。如果学员培训前后工作的方式没有变化，培训前如何工作，培训后还如何工作，那么这样的培训可以判定为无效。这个评估方法也适用于企业其他的管理，例如，企业颁布一个新的管理政策或管理办法，如何快速判断其是否有效呢？最简单的办法是观察员工的行动，如果新政策或新办法出台前后员工的行动没有变化，那么基本可以判定为无效，企业要尽快想办法调整和完善相关政策与办法，以让员工的行动发生企业所期望的变化。

实务中，有些企业会用命令、指挥、监督等方式改变员工的行动，这样的改变员工较为被动，企业的管理成本也比较高。战略绩效管理的实施有利于员工主动改变行动，常见的办法包括思想教育、培训宣导，战略共创、战略引导，绩效指标或目标引导，通过制订工作计划达成共识，营造企业文化氛围，形成榜样力量，进行过程管控、机制管控，正向和负向激励等。

以销售人员为例，如果销售人员很少与客户沟通或者很少拜访客户，那么其很难提升销售业绩。这时企业可以先通过思想教育和培训宣导，让销售人员认识到与客户沟通、拜访客户对销售业绩提升至关重要；然后和销售团队一起共创销售战略和策略，不但要有销售目标，还要有能够提升销售业绩的具体方法；接着制定出拜访客户的目标和标准，让销售人员自己拟订客户拜访计划，相关管理人员通过检查、召开会议、绩效辅导和沟通交流等方式确保销售人员落实、改进客户拜访计划，帮助销售人员解决客户拜访过程中的各种问题；最后，企业要对达成客户拜访目标的销售人员进行肯定和表扬，总结经验，形成标准化步骤。

总之，掌握绩效管理推动业务发展的底层逻辑，即**"绩效指标不同，员工的行动就不同；员工行动不同，绩效结果就不同"**，有利于企业推动所有部门的业绩持续提升。

4.1.4　绩效指标设计的核心原则

绩效指标设计要遵循多项原则，其中比较重要的有员工参与原则、SMART 原则等。员工参与原则是指绩效指标设计的过程需要员工参与，让员工自己拟订个人绩效指标，然后与上级一起沟通、确认，毕竟**没有参与就没有认同**。SMART 原则包含五个要素：具体（specific）、可衡量（measurable）、可达成（attainable）、相关性（relevant）、有时限（time-bound）。即绩效指标必须是具体的；可衡量的，能量化尽量量化，不能量化要具体化；通过努力可以达成的；要与其他目标具有一定的相关性；有明确的完成期限。

除了以上两个原则，**"上要落地企业战略，下要提高企业运营效率"**也是绩效指标设计较为重要的原则。

"上要落地企业战略"，是指绩效指标要来源于企业战略。谷歌公司就明确要求中高层管理人员任务目标的 70% 来源于公司战略。因此，绩效指标设计必须先落地企业战略，再通过战略解码和战略目标的层层分解落实到个人（管理人员和员工），形成"千斤重担众人挑，人人肩上有指标"的目标责任机制，让每个人的绩效指标与企业的战略目标对齐，即"纵向对齐"。

"下要提高企业运营效率"，是指绩效指标设计要紧扣企业的核心业务流程，按照流程中下一个环节对上一个环节的要求提取对应的绩效指标。下面以制造业企业为例，来分析其核心业务流程（见图 4-2）及对应的绩效指标。

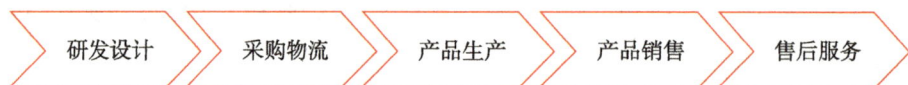

研发设计　采购物流　产品生产　产品销售　售后服务

图 4-2　制造业企业核心业务流程

制造业企业核心业务流程中的每个环节都会对上一个环节提出时间或效率方面的要求。例如，为了更好地服务企业的客户，产品销售环节会对产品生产环节提出要求，包括产品质量要好、生产成本要低、能够保证交期等，这些要求将直接转化为对应的绩效指标，如生产计划按时完成率、产品质量合格率、生产成本降低率等。如此，企业的研发效率、采购物流效率、生产效率、销售效率和售后服务效率等都会得到持续的提升和改进，这就是绩效指标的"横向对齐"。通过"横向对齐",企业可以更好地把价值链上的各个环节协调起来,打破部门墙,提升跨部门协同效率,进而大幅度提升企业的运营效率。

　　企业在提取与流程对应的绩效指标时,应注意五个要素:**多、快、好、省、稳**。"多"是数量方面的要求,"快"是时间或效率方面的要求,"好"是产品或服务质量方面的要求,"省"是成本方面的要求,"稳"是风险或安全方面的要求。根据企业的实际情况不同,这五要素对应的绩效指标差别较大,具体如表 4-1 所示。

表 4-1　绩效指标提取五要素及对应指标举例

流程环节	提取要素及对应指标				
	多（数量）	快（时间）	好（质量）	省（成本）	稳（风险或安全）
研发设计	—	项目按时完成率	问题关闭率	设计成本	—
采购物流	—	物料齐套率	物流不良率	采购价格降低率	—
产品生产	—	生产计划按时完成率	一次性交检合格率	生产成本降低率	安全事故次数
产品销售	销售回款额	回款及时率	—	销售费用降低率	—
售后服务	—	响应及时率	客户满意度	售后成本降低率	—

4.1.5　绩效指标设计的四大导向

　　总体来说,企业的绩效指标设计应坚持四大导向,即战略导向、价值导向、成长导向和问题导向,如图 4-3 所示。

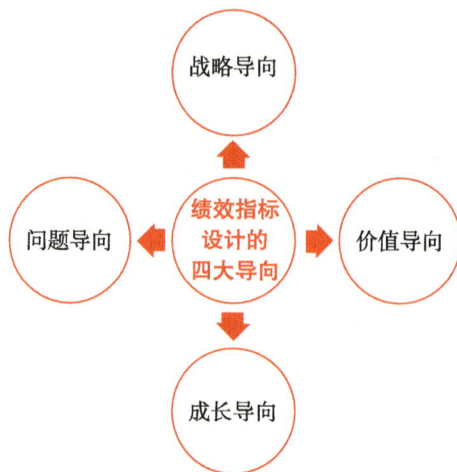

图 4-3　绩效指标设计的四大导向

战略导向是指绩效指标的设计要与企业战略对齐，以企业战略为向导，最好的办法是进行战略解码和战略目标分解。同时，绩效目标的执行过程与行动要持续与企业战略对齐，确保企业所有的优质资源（包括物质资源与人力资源）都聚焦于企业战略。

价值导向是指每个岗位的绩效指标要能体现出该岗位的独特价值。例如，人力资源经理要保障企业的人力资源供给及时且充足；财务总监要保障企业的资金充足、安全且高效等。

成长导向是指绩效指标设计要能促进员工的个人成长，通过指标的设计引导员工不断进步和发展。例如，对于财务人员的绩效考核，有些企业主要围绕"三大报表"（资产负债表、利润表、现金流量表）的编制展开，在这种情形下，财务人员的工作能力很难有大的提升。如果企业能够通过绩效指标设计，引导财务人员在编制好"三大报表"的基础上开展成本分析，将成本降低率、资产使用率等作为财务人员的绩效指标，提高财务人员在财务分析和财务管理方面的能力，则更有利于财务人员的进步和成长。

问题导向是指企业要针对业务流程中的常见或"老大难"问题进行绩效指标设计，通过绩效指标设计引导相应部门或个人及时解决问题。

4.2　绩效指标分解

4.2.1　绩效指标分解的方法

绩效指标确定后，企业需要从上向下逐步进行分解，分解的过程应科学、合理，这样才能保证企业战略落地。目前较为常用的绩效指标分解方法有绩效指标分解矩阵法、价值树法、KPA（关键绩效领域）法和价值链分解法。

（1）绩效指标分解矩阵法

绩效指标分解矩阵法较为简单直观，兼容性强，它既可以分解定量绩效指标，也可以分解定性绩效指标。表 4-2 为用该方法进行绩效指标分解的举例。

表 4-2　绩效指标分解矩阵法举例

公司级指标	部门						
	财务部	销售部	采购部	生产部	研发部	外贸部	行政部
成本降低率	融资成本降低率	销售费用降低率	采购成本降低率	生产成本降低率	设计成本降低率	—	行政费用降低率
销售额	—	部门销售额	—	—	—	部门销售额	—
……							

从上表中可以看出，成本降低率、销售额为公司级指标，企业应将这些绩效指标逐个分解，针对不同部门确定不同的绩效指标。例如，对成本降低率进行分解，分解到财务部是融资成本降低率，分解到销售部是销售费用降低率，分解到采购部是采购成本降低率等。企业在绩效指标分解过程中，有两点需要注意：一是抓大放小，抓住主要矛盾；二是部门要能完成分解后的绩效指标，甚至超额完成公司级绩效指标。

（2）价值树法

价值树法来源于财务分析的重要工具——杜邦模型。杜邦模型把净资产收益率拆分为三项要素：销售净利润率（净利润 ÷ 销售收入总额）、总资产周转率（销售收入总额 ÷ 资产总额）和权益乘数（资产总额 ÷ 股东权益总额）。计算公式为：

净资产收益率 = 销售净利润率 × 总资产周转率 × 权益乘数

其中，销售净利润率代表企业的盈利性、总资产周转率代表企业的资产效率、权益乘数代表企业的杠杆率。

杜邦模型在财务分析领域一直保持着主导地位。杜邦模型的公式可以做出多种分解和演变，如销售净利润率，以制造业企业为例，相关公式如下：

销售净利润率 = 净利润 ÷ 销售收入总额

其中，

净利润 = 销售收入总额 − 总成本

总成本 = 制造成本 + 销售费用 + 管理费用 + 财务费用

通过上述公式，可以把总成本分解为制造成本、销售费用、管理费用和财务费用。我们也可以用图形表示，如图 4-4 所示。

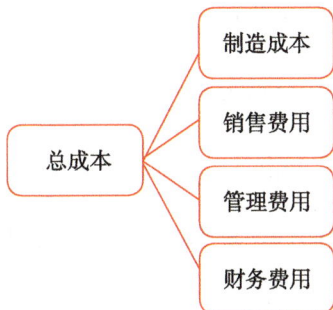

图 4-4　价值树法下总成本分解图

企业应用价值树法进行绩效指标分解有两个注意事项。

一是指标分解须有严格的运算关系，如加总关系（总成本 = 制造成本 + 销售费用 + 管理费用 + 财务费用），这就要求指标必须是数字，能够量化。因此，价值树法多用于定量指标的分解。

二是每个指标分解项都必须有承担的组织或个人，如制造成本指标由生产总监承担、销售费用指标由销售总监承担等，否则分解就没有意义。

（3）KPA 法

KPA 法即关键绩效领域法，是用来分解定性绩效指标的一种方法。例如，评选优秀学生，优秀学生的评选标准是德、智、体、美、劳全面发展，那么对应的 KPA 就是德、智、体、美、劳，评选指标就可以分解为品德好、成绩好、身体好、讲文明、爱劳动等。在企业管理中，如果某企业的公司级绩效指标有"获得省部级文明单位"，那么就可以用 KPA 法将这个指标分解为与物质文明、精神文明等相关的指标。

企业应用 KPA 法进行绩效指标分解要注意以下两点。

一是 KPA 不能多，三个及以下最好，多了就不能称为"关键"。

二是每个 KPA 要符合"相互独立，完全穷尽"原则，简单来说，就是不重不漏。KPA 法因其简单明确，逻辑清晰，被广泛应用于很多领域，这种方法有助于企业把复杂的问题简单化。

（4）价值链分解法

价值链分解法又称流程分解法，就是把流程最后一个环节的要求向前分解到流程的每个主要环节。这种绩效指标分解方法符合前面所述的**"下要提高企业运营效率"**原则，如在工业品生产企业的经营流程中，客户需要企业及时交货，企业的生产部门就要保证生产计划按时完成，采购部门必须保证物料齐套、及时提交物料清单（BOM）等，这样企业就可以针对"及时交货"这一要求，将指标分解为生产计划按时完成率、物料及时齐套率和 BOM 及时提交率等。

4.2.2　合格绩效指标的七大标准

绩效指标是否合格，能否在实际的绩效考核工作中应用并起到积极的作用，还需经过评判。企业可以从以下七个方面对绩效指标是否合格进行评判，即可理解、可控制、可实施、可信、可衡量、可低成本获取数据、系统性。

可理解是指绩效指标要便于相关部门负责人及员工理解。这就要求企业对绩效指标做出简单明了的定义，以免有歧义或被误解。例如，有的企业将"合同审核差错率"设为绩效指标，这就容易产生歧义，合同审核差错是指合同审错了还是审核合同时发现的差错呢？再如，"利润总额"这个绩效指标从字面上看没什么问题，但在实际应用中存在歧义，到底是毛利润还是净利润、是到账额还是合同额呢？对此，企业在设置类似的绩效指标时，应界定清楚指标内容和范围。

可控制是指被考核人对绩效指标的结果负有直接责任，可以控制绩效指标的结果。例如，有些企业会让两个及以上的销售人员共同对销售指标负责，企业这样做的初衷是希望每个人都负责，但实际结果可能是每个人都不负责。因为，从个人的角度来说，其不能控制结果，即使一个人完成了销售任务，其他人没完成，结果也是没有达成绩效指标。一个绩效指标如果一定要让两个及以上的人负责，企业就要对这个绩效指标进行分解，明确相关人员各自的责任及承担的绩效指标。

可实施是指该绩效指标的结果可以通过被考核人的行动达成。也就是说，被考核人知道做什么可以达成绩效指标或改善绩效指标的结果，从而做出明确的行动计划。

可信是指绩效指标有较为稳定的数据来源，而且数据不能被操纵，不存在数据处理引起的绩效结果计算差错。

我曾遇到过一家连锁企业，该企业负责人认为每家门店每天来了多少顾客是非常重要的数据，于是让各门店自行上报该数据，作为考核门店店长及门店团队的绩效指标。但这样的数据难以核查，数据的真实性无法保证。后来，该企业在每家门店的门上安装了一个计数器（没有人脸识别功能），每次有人进门，后台系统会自动记录数据，这样的数据看似真实，实际存在很大问题，为了完成指标任务，店长或店员每天都会有意无意地增加进出门店的次数，计数器就这样轻易被欺骗了。因此可以说，这样的绩效考核是无效的，因为数据不可信，数据质量无法保证。

可衡量是指绩效指标可以被衡量，即指标能量化尽量量化，不能量化要具体化。所谓具体化，是指绩效指标是否完成可以通过标志性事件来衡量。例如，企业要求行政部起草一项制度，并将其作为行政部的一项绩效指标，那么，完成这个指标的标志性事件就是企业通过正式文件的方式颁布并实施了这个制度。可衡量对绩效指标来说是至关重要的，哈佛大学商学院的罗伯特·卡普兰教授曾说："如果不能衡量，就无法管理。"无办法衡量的绩效指标，企业是无法应用与管理的。

可低成本获取数据是指绩效指标的数据获取成本要低于其价值，最好这些数据能够定期从相关报表上直接获取。例如，有些企业会将客户对产品或服务的满意程度作为相关部门和人员的绩效指标，并通过市场调查获取相关的指标数据，这就会产生较高的调查成本。而对于一些中小企业来说，可能难以承受这类成本，这时企业可以采用"反向思维"的方式，通过统计客户投诉情况，即将客户投诉次数作为绩效指标对相关部门和人员进行考核。

系统性是指绩效指标的"纵向对齐"和"横向对齐"。"纵向对齐"即绩效指标要与企业的战略对齐，上下级指标要一致（这里的一致不是指一模一样，而是要有分解关系和支撑关系）。"横向对齐"即跨部门协同对齐，绩效指标要与核心流程各个环节的要求相呼应。

4.3　绩效指标权重的设计方法

权重主要反映某一绩效指标在整体评价中的重要程度。权重多以百分比的形式出现，同一个被考核人所有绩效指标的权重之和为 100%。常见的权重设计方法有三种：两两比较法、标杆比较法和主观经验法。

4.3.1　两两比较法

两两比较法是先对绩效指标进行两两比较分析，然后通过计算比值来确定各个绩效指标的权重。计算公式为：

$$权重（A）=B/\sum B$$

应用两两比较法进行绩效指标权重设计的示例如表 4-3 所示。

表 4-3　应用两两比较法进行绩效指标权重设计的示例

绩效指标	比较指标				分值和（B）	权重（A）
	成本控制	项目计划完成率	工程优良率	团队建设		
成本控制	—	2	3	3	8	30%

（续表）

绩效指标	比较指标				分值和（B）	权重（A）
	成本控制	项目计划完成率	工程优良率	团队建设		
项目计划完成率	2	—	3	3	8	30%
工程优良率	1	1	—	1	3	15%
团队建设	1	1	3	—	5	25%

注：①1表示重要性较差，2表示重要性一样，3表示重要性较强
　　②权重值一般取5%的倍数，如果小数点后一位大于等于0.5，向上取整；小于0.5，则向下取整

上表中，以横向从左到右开始比较，例如，成本控制与项目计划完成率进行比较，两者的重要性一样，则对应位置填写2，成本控制的重要性超过工程优良率，则对应位置填写3……以此类推，完成整个表格后，计算对应的分值和权重。

4.3.2　标杆比较法

标杆比较法是在同一个被考核人的所有绩效指标中选择重要性最小的指标，将其作为比较标杆并赋值，其他绩效指标与其进行比较，根据重要程度分别赋予10的倍数的分值，最终计算得出每个绩效指标的权重。例如，某部门经理的绩效指标有招聘费用率、部门可变费用控制率、岗位分析完成率、人才招聘计划完成率、人事档案完整率五个绩效指标。通过对这五个绩效指标的重要性进行综合分析得出，招聘费用率的重要性最低，则对其赋值10；部门可变费用控制率与其重要性一样，也赋值10；岗位分析完成率的重要性为其三

倍，则赋值 30；人才招聘计划完成率的重要性为其四倍，则赋值 40；人事档案完整率的重要性与招聘费用率一样，则赋值 10。赋值总和为 100，这时招聘费用率的权重为 10%（10÷100×100%），其他绩效指标的权重计算依次类推，最终确保权重总和为 100%。

4.3.3　主观经验法

主观经验法是指考核者与被考核者经过充分沟通后，根据个人经验设定绩效指标权重。这种方法适用于考核者对被考核者及其工作情况和能力都非常熟悉的绩效指标权重设计。主观经验法最大的好处是操作简单、成本低，容易修改和调整，因此被企业广泛应用。

总体来说，权重是绩效指标重要性的体现，企业在设计绩效指标权重时，要深刻认识和把握权重的本质。具体应注意以下事项：

一是指标权重要突出重点，重要指标可以设置 50% ~ 70% 的权重，避免将指标权重设置为平均数，即所有绩效指标的权重都一样；

二是绩效指标权重尽量不低于 10%，我们提到的绩效指标是指关键绩效指标，都是重要的绩效指标，如果权重小于 10%，则很难体现出指标的重要性；

三是为了便于绩效分数计算和统计，指标的权重一般为 5% 的倍数；

四是所有绩效指标的权重总和必须等于 100%；

五是对于绩效指标权重的占比，考核方与被考核方应充分沟通并达成共识。

4.4　绩效指标的评分标准

每个绩效指标都应有对应的考核评分标准，如"销售回款额"，企业可以对该指标设定如下评分标准，如表4-4所示。

表 4-4　绩效指标（销售回款额）的评分标准

绩效指标	评分标准	
销售回款额	1分	销售回款额＜100万元
	3分	100万元≤销售回款额≤300万元
	5分	销售回款额＞300万元

4.4.1　绩效指标评分标准的设定原则

设定清晰的绩效指标评分标准，一方面，可以让员工明白某项工作做好的标准；另一方面，可以让绩效指标可衡量，保证绩效考核公平公正，减少绩效考核评分的异议。企业可以遵循以下三个原则设定绩效指标评分标准：

一是可衡量，能量化尽量量化，不能量化要具体化；

二是可举证，有数据或者事件可以证明；

三是能区分，评分标准能将优秀者、一般者和业绩欠佳者明确区分开。

4.4.2　绩效指标评分标准的设定方法

绩效指标评分标准的设定方法主要有比率法、等级计分法、一票否决法和说明法等，具体如下所述。

（1）比率法

比率法也称连续计分法。例如，销售目标完成率的计算公式为"实际完成值 ÷ 目标值 × 100%"，以此为评分标准，实际完成值每增加一元，销售目标完成率的分数就会提高一点。这种计分方法的优点在于，可以提高员工的工作积极性，促进整体工作效率的提升；缺点在于，员工可能会养成斤斤计较的心态和习惯，并且标准上无封顶。针对比率法的缺点，有企业对其进行了改进，如销售目标完成率没有达到 60%，分数为 0；达到或超过 60% 的，按照比率法计分；超过 150% 的，统一按照 150 计分，即 150 分封顶。

（2）等级计分法

等级计分法是将绩效指标的完成情况分为几个等级，不同等级分数不同，同一等级的分数则相同。等级计分法又分为五分制法和三分法等，五分制法和三分法也是目前应用较为广泛的评分标准设定方法。

五分制法

仍以销售回款额为例，五分制法下绩效指标的评分标准如表 4-5 所示。

表 4-5　五分制法下绩效指标的评分标准

单位：万元

绩效指标	分数	等级
销售回款额	1 分	[0，100）
	2 分	[100，200）
	3 分	[200，260）

117

（续表）

绩效指标	分数	等级
销售回款额	4分	[260, 340)
	5分	[340, +∞)

上表中，各等级相邻分值对应的数值差距，要根据企业的具体情况确定，一般在 30%~50%，当然，这只是个经验值。五分制等级计分法的优点是清晰明了，便于核算，不同的等级对应不同的分数。其也存在缺点，即不利于调动员工的工作积极性，如表 4-6 所示，销售回款额指标无论完成得多差，都有 1分；无论完成得多好，即使远超过 340 万元，也只有 5 分，因为 5 分封顶。这种情况下，如果员工的销售回款额离上一个等级较远，如刚超过 100 万元，员工感觉达到 200 万元有很大难度，则可能会"躺平"。当然，也有办法进行弥补，例如，很多企业都设有销售提成，提成额的多少和销售回款直接挂钩，这就会在一定程度上提高销售人员的工作积极性，避免其"躺平"。

五分制法下绩效指标评分标准的设定原则如表 4-6 所示。

表 4-6　五分制法下绩效指标评分标准的设定原则

分数	级别	评分标准设定原则
1分	较差	未达到最低的要求
2分	欠佳	仅达到部分期望和要求
3分	合格	达到了既定期望和要求
4分	良好	高于既定期望和要求，有创新
5分	卓越	远远超过期望和要求，表现卓越

五分制法下绩效指标评分标准是先定 3 分的标准，即企业对被考核者正常的期望和要求，可以是一个范围；然后定 4 分的标准，即让被考核者思考如何把工作做得更好，这是五分制法的核心，让员工不满足于达成目标，从一开始

就思考如何创新，如何超越期望和要求；接下来定 5 分的标准，即对标同行标杆，达到行业领先水平；最后定 2 分和 1 分的标准。

企业在应用五分制法时要注意，单个指标的绩效考核评分只能是整数，尽量不要出现小数点。

三分法

三分法（三个分划点）可以被看作五分制法的简化版，它既有五分制法的优势，操作又相对简单。三分法下绩效指标评分标准设定示意图如图 4-5 所示。

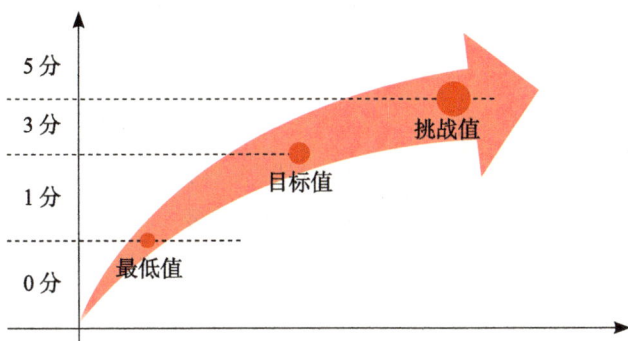

图 4-5　三分法下绩效指标评分标准设定示意图

该方法在设定绩效指标的标准值时，仅设定三个值，分别为最低值、目标值和挑战值，然后在评分时看绩效指标的完成情况：没有达到最低值的，得分为 0；完成值处于最低值和目标值区间，但没有达到目标值的，得 1 分；完成值处于目标值和挑战值区间，达到目标值但未达到挑战值的，得 3 分；完成值达到或超过挑战值的，得 5 分。

（3）一票否决法

一票否决法也被称为非此即彼法，即该类绩效指标的结果只有两种可能性，不存在中间状态。例如，在企业的安全考核里，通常都有"重大安全事故"这项绩效指标，一旦出现"重大安全事故"，相关部门和人员的绩效分数就是0分，即"一票否决"。

（4）说明法

说明法是指采用定性说明的方法来阐述绩效指标的完成情况及对应的分数。例如，某公司对行政办公室进行绩效考核，其中一个绩效指标是"文明单位创建"，这类绩效指标就可以通过说明法来设定评分标准，如表4-7所示。

表 4-7　绩效指标评分标准（说明法）

绩效指标	分数	评分标准
文明单位创建	1分	获得集团文明单位称号
	3分	获得市级文明单位称号
	5分	获得省级及以上文明单位称号

4.4.3　绩效指标评分标准的常见错误

绩效指标评分标准有以下四类常见错误。

一是用同一套评分标准去评价所有绩效指标。绩效指标种类繁多，每个绩效指标的用处也不尽相同，因此，企业不能用同一套评分标准去衡量所有的绩效指标，而应有针对性地进行绩效指标评分标准设计。

　　二是用百分制法设定绩效指标评分标准。企业用百分制法设定绩效指标评分标准会存在一个问题："正常完成应该给多少分？"有人认为正常完成应该给 100 分，有人则认为应该给 60 分，这时为了统一标准，企业需要花费较多的沟通成本。

　　三是用扣分法设定绩效指标评分标准，如发现一项工作疏忽扣 5 分，找到一个错误扣 8 分。企业采用这种评分标准，久而久之可能会导致员工养成不愿意多做事的习惯。因为，做得多出错的机会就多，扣分也多；反观做得少，出错的机会就少，扣分也少，最后大家会发现做得越少的人评分越高。试问，在这样的环境下，谁还愿意多做事呢？

　　四是绩效指标的评分标准上无封顶、下无封底，即没有限度。单个指标无论加分还是扣分，都要有限度，否则就会出现员工某项工作的绩效指标完成得太差，而把所有绩效分数都扣完，或者某项指标完成得太好，加分非常多，已达到或超过满分的情况。在这种情况下，员工有可能会"躺平"，不再用心做其他工作，因为在他们看来，无论做不做其他工作，绩效考评结果都是一样的。

第 5 章　制造业企业的绩效管理

5.1　制造业企业的发展趋势

我国是制造业大国，制造业企业的数量在我国企业中占有较大比重。制造业企业通常根据市场或客户需求，通过设计、采购及生产加工等环节，将原材料转化为可供人们使用的工业品与生活消费品。制造业是国家创新的主要载体，其直接体现了一个国家的工业化水平。

近些年，随着人工智能、信息技术和先进制造技术的发展，很多制造业企业实现了从机械化到智能化的转变。企业的智能化、信息化水平，研发能力和技术水平都有了较大幅度的提升，从传统制造业升级为现代制造业。大多数制造业企业呈现出以下趋势和特征。

5.1.1　智能化水平快速提升

制造业企业紧跟智能化步伐，通过吸收、应用全世界的先进制造技术与智能化制造方式，以及建立相关组织形式等快速提升了智能化水平。现代制造业企业多开始应用数字化、智能化技术建设和运营"黑灯工厂"（智能工厂，意指关灯之后机器设备照常运转）。智能工厂带来的直接好处主要有以下几点。

（1）提质增效降成本，能够有效消除生产运营中的各种浪费。

（2）更节能、更环保，达到无尘车间标准。

（3）可以突破时间的概念，实现"7×24 小时"运转，不受传统人工休息、休假或病假需求的影响，最大限度提升产能和效率。

（4）减少事故。智能工厂的智能化操作可以让企业极大减少人工，工人的减少意味着工作场所安全事故的减少，从而极大降低工人受伤的风险。

（5）可以更好地保证产品质量的一致性。智能工厂通过应用集成工业信息系统的高度专业化机器人生产和监控，使产品质量不受个人行为及情绪的影响，从而保证了产品质量的一致性。

（6）更容易做到柔性生产和定制化产生，研发、工艺、原材料全都是自动化配置。

（7）工人的减少可以让工厂的厂址选择更灵活，企业可以选择地价更便宜、环境更适宜、优惠政策更多的区域建厂。

（8）比传统工厂更节能、更环保，可以不需要照明、供暖甚至通风，做到无尘化生产。

5.1.2　消费者需求的变化促使企业经营模式发生改变

随着消费者需求的多样化、个性化特征越来越突出，营销和市场开拓在企业发展过程中的作用越来越大，制造业企业的经营模式快速发生了变化，企业开始重视产品生产以外的环节，如针对不同收入阶层消费者需求的变化开展调查、营造消费环境等，同时在研发设计、供应链等环节全面引入智能化，应用大数据、人工智能及相关技术改造、集成业务流程等提升对消费者需求变化的反应速度，实现定制化生产。

5.1.3 组织模式突破了地域的限制

传统的组织模式已经不能适应数字化时代的客户需求，也不能满足多变的环境需求，开始出现以满足客户需求为导向的自组织、合弄制组织等。很多制造业企业具备全球化视野，它们在全球范围内整合资源，开展全球化运营，如将销售市场聚焦国外，或在国外设立研发设计中心。

制造业企业的这些变化趋势与特征对企业管理者和员工提出了更高的要求，企业管理者和员工要具备较高的知识和创新能力。这也对企业的绩效管理提出了更高的要求，一是绩效考核的内容要能跟随企业的外在环境、制造方式、经营方式和组织方式的变化及时调整；二是企业要进一步提升绩效管理的自动化水平，这样才能契合和促进企业整体经营效率的提升。

5.2 客户对制造业企业的核心要求

无论制造业企业如何变化，客户对制造业企业的核心要求一直没有变：产品要能满足客户的需求。这也是制造业企业得以生存的重要保障，若一个企业生产的产品不被客户需要，这个企业将难以经营下去。那么，企业如何保证产品能一直满足客户的需求呢？

第一，企业须时刻保持与客户"同频共振"，要有直接探测客户"体温"的"温度计"——市场人员、销售人员、研发人员，甚至是董事长或总经理都要有感知客户需求的愿望和能力。因为客户是企业最好的老师，企业管理者和相关负责人要多和客户在一起，深入到产品应用的场景中，用心搜集客户的一手信息（需求和相关数据），争取做到比客户更了解客户；然后，用这些一手信息来指导产品开发和设计。实务中，有些优秀的企业还会让用户参与到产品的开发设计和迭代中来。这些都要求企业从战略层面，如在产品选择、产品组合的安排和产品研发等方面有较为明确的目标、策略和路径。

第二，产品的交期要有保证。 客户一旦确定了需要的产品后，一般都想尽快拿到货，这就要求制造业企业提高生产运营效率，包括从产品研发到采购、生产、质检、物流配送，以及到售后服务等环节的整体执行效率。

第三，产品质量要好。 很多企业都认为自己的产品质量很好，但就是不被客户接受，然后抱怨**"为什么这样好的产品客户却不买"**。所谓"质量要好"，是客户认为产品的质量好，而不是企业自认为。这就要求生产制造企业的产品设计、物料采购及生产制造等各个环节都要做好质量管控，以保证产品的质量。

第四，合理定价。 客户总是希望产品的价格越低越好，在产品质量符合要求，能够保证交期的情况下，客户最看重的就是价格。很多产品的竞争到最后都是价格的竞争。产品的定价和成本有很大关系，企业需要在研发设计、物料采购和生产制造等环节持续对产品成本进行管控，从而对产品合理定价。

第五，提高售后服务品质。每个客户都希望购买产品后能享受到高品质的售后服务，让自己在使用产品时没有后顾之忧。高品质的售后服务是提升客户满意度，增加客户重复购买甚至推荐购买次数的重要手段。

5.3　制造业企业制胜的关键因素

现代制造业企业虽然所处的发展阶段、业务模式、文化规范等各有不同，但是要想长期健康发展，都必须做好研发设计、提升效率和降低成本这三项核心工作，这也是制造业企业制胜的关键因素。

研发设计。研发设计外接市场及客户需求，内接采购及生产制造。研发设计对客户需求进行定义，进而转换为企业产品。对制造业企业来说，利润、成本和质量都是设计出来的。产品的市场定位、用料和产品质量在研发设计环节已经基本确定，而后续的采购、制造、物流和售后服务环节，只是把研发设计的蓝图变成实物。因此，如何做好研发设计，如何对研发设计人员进行精细化的绩效管理，是制造业企业的重中之重。

提升效率。生产和经营效率提升是制造业企业永恒的话题，特斯拉公司采用网上直接订购、减少可选车身颜色、一体化压铸技术、高低压线束简化、智能工厂建设、工厂直送等多种方式和手段生产与销售汽车，主要目的就是提升企业的生产和经营效率。很多企业采取流程再造、信息化和数字化改造、精益生产、JIT（准时制生产）等方式，也都是以提升企业生产和运营效率为目的。制造业企业对每个环节、每个部门甚至每个员工都要有提升效率的要求，只有这样才能保证企业的整体生产和运营效率提升，让企业在市场竞争中具有竞争力。

降低成本。除了提升效率，制造业企业还要做好开发设计成本、各类浪费和损失成本、采购成本、生产成本、人工成本、能源成本、财务成本和各类费用的管控工作，尽量降低成本。智能化、数字化等先进制造技术的应用，有助于企业在一定程度上降低成本。其实，很多时候提升效率和降低成本是相伴相生的，企业在提升效率的同时也就降低了资金使用的时间成本，以及固定成本折旧和摊销成本。

上述制造业企业的三个制胜关键需要通过战略绩效管理落实，即企业需要通过战略绩效管理将关键目标和责任落实到每个部门和每个人，通过管控机制确保执行到位，通过激励机制确保团队的执行力，最终将这三个制胜关键转换成企业的核心竞争力。

5.4　制造业企业各岗位人员的绩效管理

5.4.1　研发设计人员的绩效管理

研发设计对制造业企业的效益和竞争力影响巨大，它决定了产品的定位、功能和质量。产品定位确定后，销售价格自然也就确定了；产品功能决定了产品的用料，成本也就基本确定了，因此我们常常讲"利润是设计出来的"；产品质量与研发设计有密切关系，其中的研发设计也包含工艺设计，这些工作决定了产品的先天质量，是产品质量的"DNA"。因此可以说，做好研发设计的管理工作，对制造业企业来说是非常重要的，尤其是对研发设计人员的绩效管理。

（1）研发设计工作的主要内容

从研发职能来看，研发设计工作主要包括项目研发、测试及研发质量管理、知识管理、标准化和项目管理等。

项目研发包括客制项目（为客户定制的项目）研发和自研项目（企业自行研究的项目）研发，有些大企业还涉及基础研究工作，但多以自研项目的方式出现。无论是客制项目还是自研项目，都有较大的研发时间压力，客制项目客户会希望企业尽快完成产品的研发设计，至少也要按计划完成；自研项目有市场机遇期，错过了就会失去市场先机，给企业带来较大的机会损失。

测试及研发质量管理的主要内容是通过测试发现错误或问题，然后解决这些错误或问题，以提升项目研发的过程质量和结果质量。

知识管理是对历史研发设计成果中有价值的内容进行加工整理，形成企业的知识、经验和教训，以帮助企业管理者和员工少走弯路，提升工作效率。对于加工整理后具有独创性的知识和成果，企业可以申请专利或软件著作权等，形成企业的知识产权体系。

标准化对制造业企业来说至关重要，标准化工作的重点是 CBB（Common Building Block）建设与管理。CBB 是指共通性建构基础，即可以在多个项目中用到的构件、组件、模块和解决方案等。例如，每台机器都有的开关模块、电源模块等。CBB 可以是软件程序，也可以是硬件，或者是由软件和硬件组合成的功能模块等。很多企业会忽视标准化工作，研发设计标准化工作缺失或质量太低，会给企业后续的采购、生产及售后工作带来非常多的麻烦和额外成本。如果企业能够在研发设计阶段做好标准化工作，即做好 CBB 建设与管理工作，将能标准化的构件、组件等尽量标准化，通过模块打磨实现研发项目之间共享，或者研发设计人员之间共享，不仅可以大幅度提高研发设计工作效率，还可以提升研发设计质量和产品质量，同时有助于降低企业研发阶段的设计成本，以及后续采购、制造及售后阶段的成本。

项目管理也是研发设计的重要工作内容之一，它包含项目立项、项目分类、项目计划、项目进度与质量管控、项目绩效考核、项目复盘及项目激励等工作。

（2）研发设计管理的常见问题

实务中，很多制造业企业的研发设计管理都存在一些问题，常见的有研发设计人员距离市场太远，不了解真实的市场需求；研发项目管理粗放；不重视知识管理；忽视研发的标准化工作；研发质量管理缺失等。

研发设计人员距离市场太远，不了解真实的市场需求。这是很多企业的通病，其会导致企业研发的产品不能契合市场需求。这个问题有两个解决方案，一是设置产品经理岗，由产品经理负责做好市场调研，对产品进行定义，让产品经理成为连接市场和研发的纽带；二是形成研发设计人员深入市场的机制，如与销售人员定期沟通，或者和售后、销售人员一起拜访客户，深入了解客户需求等。相较于方案一，方案二省去了企业聘用产品经理的人工成本，也可以避免信息在传递（市场←产品经理→研发设计人员）过程中变异或失真，研发人员获得的是相对一手的信息，更能直接感知市场的温度。

研发项目管理粗放。这主要体现在：①没有项目分类，对项目没有主次之分，有些重要项目的价值远超其他项目，企业却没有对这些项目进行重点管理，这就会给后面的项目绩效管理和项目激励带来麻烦；②项目的计划性较差，项目的里程碑节点不清晰，没有阶段划分或者划分不合理，这会导致项目执行难度大，缺乏应急预案；③缺少项目复盘机制，对项目执行过程中出现的问题不能及时总结与改进，导致问题积累较多，造成项目延期或研发质量存在严重问题。微软公司的研发项目就有一套非常清晰的项目管理标准，如项目什么时候开始（包括硬件部分、软件部分、结构部分开始执行的时间）、什么时候结束，研发设计要达到什么标准，产品要达到什么质量，推进什么项目，由多少人推进，如何跟总部合作等，将研发项目管理工作做得非常精细。

不重视知识管理。知识管理包括研发设计过程中形成的知识、技巧、问题解决方案、专有技术（know-how）的整理和再加工等，也包括专利等知识产权的申请和保护。企业不重视知识管理工作，一来无法对团队成员的聪明才智和工作成果进行积累，工作成果有可能因为人员的流失而流失；二来无法对知识产权进行申报和保护，优秀产品和发明成果容易被抄袭和模仿，研发创造的价值会被打折。

忽视研发的标准化工作。这类问题很常见，很多企业的研发设计部门甚至不知道有这项工作，研发设计人员不认为该项工作在自己的职责范围内，他们在设计产品时，不太关心自己的工作会不会给采购、生产或售后环节带来麻烦。做好标准化工作，不仅可以大幅度改善企业的研发成本和执行效率，还可以改善采购、生产或售后环节的成本和效率，持续为企业创造价值。

研发质量管理缺失。实务中，有些企业仅通过产品测试进行研发质量管理。其实，研发质量管理是一个全过程的质量管理，包含产品定义、产品原型、设计图纸、元器件选型、结构设计、产品测试、小批量生产等环节的质量管理。这项工作的缺失，会导致研发设计人员在质量方面的绩效考核无法开展，同时会把质量问题流转到采购、生产等环节，造成更大的损失。

（3）研发设计人员绩效管理存在的问题

制造业企业无论是新产品开发，还是老产品迭代升级，都需要创新，研发设计人员则是企业创新的重要实施者之一。研发设计人员普遍知识层次较高，他们具有独立思考的能力，追求自我价值实现，希望获得企业、同行和同事的认可，因此会呈现出"三高"的特点，即高成就导向、高自尊和高敏感性。这就对研发设计人员的绩效管理提出了更高的要求。

实务中，制造业企业研发设计人员的绩效管理普遍存在以下问题。

研发设计项目变化多，难以确定绩效考核周期。一方面，为满足客户需求，企业需要为客户定制项目，即客制项目。实务中，随着企业与客户沟通的深入及项目的推进，客户需求可能会变，这就给客制项目带来了较多的变化。另一方面，企业会自己研究项目，这种项目被称为自研项目。自研项目会因为环境的改变、企业内部调整及项目本身的不确定性而发生变化。这些项目的变化及项目本身的不确定性，会导致企业难以估算研发设计阶段性工作及项目完成的时间，这种情况下，企业是难以确定研发设计人员的绩效考核周期的。

研发设计工作的结果显现周期长且难衡量。研发设计工作的结果往往体现在新工艺、新产品或者改良后的产品上，这些转化成企业的销售或利润，会受很多因素（企业内外部因素）的影响，因此企业很难准确判断研发设计人员的贡献。企业研发的产品即使一般，如果抓住了市场机遇，销量也可能很好；反之，企业研发的产品即使再好，若供应链、生产跟不上，不能及时量产，也会错过市场良机，导致销量不佳。另外，企业研发设计活动多采用团队作业，因此难以衡量每个成员的努力程度和贡献大小，这种信息不对称会造成研发设计团队中可能存在"东郭先生"，出现"搭便车"等现象。

绩效考核内容多且以定性为主。例如，有的企业仅针对研发工程师的绩效考核内容就有 20 多项，包括参与项目数、在项目中的角色发挥、项目难度、研发能力、创新能力、团队精神等。这类考核以定性考核为主，大都凭感觉评分，得分低的研发工程师也不知道如何改进工作。

用能力评价代替绩效评价。有些企业认为研发设计人员的业绩无法衡量，从而选择能力评价，对研发设计人员的能力进行分级，用能力评价代替绩效评价。殊不知，能力强的员工对企业的贡献和价值未必大，而绩效评价的核心是评价员工的价值贡献。能力强的人，如果将能力用错了地方，或者动了歪心思，给企业带来的损失会更大。

忽视对研发产品的质量和设计成本的考核。绩效管理既要管理过程也要管理结果，因此企业除了考核研发项目的进度，还应对研发产品的质量和设计成本进行考核，以免研发人员只关注研发过程，对研发的结果漠不关心。

缺少绩效过程管理。很多企业的研发绩效管理就是期初设定指标和目标值，期末进行绩效考核打分，缺少对研发绩效过程的管理。这样的绩效管理存在两个弊端，一是不能及时发现员工在研发过程中的问题，无法督促其改进并帮助其提升业绩；二是不能及时发现员工工作过程中的方向偏差，无法帮助其及时纠偏。可以说，缺少过程管理的研发绩效管理是无效的，不能帮助企业提升研发能力和研发水平。

绩效激励没有直接与研发产品的市场表现挂钩。关于这个问题，业界一直存在争议，有人认为研发设计人员的绩效激励不需要与产品的市场表现挂钩，理由也是五花八门。其实，将研发设计人员的绩效激励与产品的市场表现挂钩具有重要的价值创造导向，它可以引导研发设计人员关注市场，研发出适销对路的产品，甚至"爆品"。这也是研发设计工作最大的价值所在。当然，并非所有产品上市后都能成为"爆品"，有些产品是经过反复修改、迭代后才火爆市场。这就要求研发设计人员能够深入了解市场需求，快速迭代产品。

（4）绩效管理必须做好的三项分类工作

企业要想对研发设计人员进行有效的绩效管理，必须先做好三项分类工作，即研发项目分类、人员分类和质量问题分类。

研发项目分类。研发项目的类别有很多，有客制项目，也有自研项目；有战略性项目，也有一般项目等。其中，有的项目对完成时间要求严苛，如客制项目，或者为投标准备的项目，这类项目如果不能按时完成，会造成客户流失；有的项目对研发成果和产品质量要求严苛，如自研项目，即企业会要求研发的产品投入市场后，无论从功能上还是外观上，都能让消费者眼前一亮；有的项目对利润没有严格要求，如战略性项目，这类项目最初可能没有盈利甚至是亏损的，企业只将其作为进入某个领域的突破口。因此，企业要结合自身实际情况做好项目分类，千万不能把所有项目都混在一起管理，以免造成研发项目管理混乱，效率低下。

人员分类。研发设计人员主要是指在企业中从事技术攻关、产品开发设计、产品迭代更新、测试、基础研究、理论研究等工作的人员。常见的有软件工程师（包括系统设计、前端、后端等研发人员）、硬件工程师、机械工程师、电气工程师、结构工程师、测试工程师、用户界面设计师（UI）、用户交互设计师（UE）、产品经理等。研发设计人员分类实质也可以理解为研发设计人员分级，如高级工程师、中级工程师、初级工程师等。企业对研发设计人员进行分类主要是为了配合项目分类，不同的项目可以根据需要配置不同级别的研发设计人员，同时也为研发设计人员明确了清晰的职业发展路径。

质量问题分类。研发过程和结果的质量是产品质量的根因。研发过程中会出现各式各样的质量问题，有的属于重大质量问题，这类质量问题会导致产品的功能无法达到设计标准，产品使用将受到影响，客户需求无法得到满足，对于这样的质量问题，企业要杜绝；有的属于一般质量问题，这类质量问题会导致产品的性能无法100%发挥出来，但不影响产品的正常使用，对于这类质量问题，企业要尽量避免；有的属于微小质量问题，或者叫微小瑕疵，这类质量问题不影响产品的性能与使用，仅产品外观存在瑕疵，对于这类质量问题，企业应尽量降低发生的概率，争取在产品迭代升级的过程中将其消灭。

表 5-1 对上述三项分类工作进行了归纳总结。

表 5-1　绩效管理必须做好的三项分类工作

序号	类别	分类内容
1	项目分类	客制项目、自研项目、战略性项目、一般项目等
2	人员分类	高级工程师、中级工程师、初级工程师等
3	质量问题分类	重大质量问题、一般质量问题、微小质量问题

（5）绩效考核维度及对应指标

企业在设计研发人员的绩效指标时，应遵循**"要什么就考核什么"**的原则。"要什么"是指企业要求研发设计人员做什么，想要什么样的结果。当然，企业处于不同的发展阶段，在不同的战略背景下对研发设计人员的工作要求是不一样的。企业对研发设计人员的绩效考核应围绕项目研发、产品的设计成本、标准化建设与应用、知识管理、产品的技术先进性、技术测试等维度展开。

项目研发。项目研发绩效考核主要涉及三个要素：时间、质量和费用。

时间是指项目的研发周期。企业应对研发设计人员在研发周期内的研发工作效率进行考核。研发工作效率主要涉及三个层面：企业层面的研发效率，即新品或迭代后产品的上市速度；部门层面的研发效率，即研发项目的按时完成情况，若项目研发周期长，超过了绩效管理周期，企业可以按照研发项目的里程碑节点对研发设计部门进行考核，对此企业需要做好项目的分类和立项工作，同时制订详细的项目执行计划等；员工层面的研发效率，即研发项目分配给员工后，员工有没有按时完成相应工作，是否存在返工等情况。

质量包括研发的过程质量和结果质量，过程质量主要看研发设计过程中经质量检查或测试发现的问题的数量，结果质量主要看售后发现的质量问题中经分析判定为设计缺陷或设计问题的数量总和。

费用是指研发过程中消耗掉的耗材、原辅料等费用。不建议企业考核这类研发费用，因为这种考核可能会束缚研发设计人员的积极性。

产品的设计成本。产品的设计成本分为原始设计成本和迭代成本，对很多产品来说，设计成本直接决定了产品的市场竞争力，也决定了产品上市后的市场表现。

标准化建设与应用。在标准化方面，企业应针对 CBB 的建设和应用情况等对研发设计人员进行考核，考核内容包括标准化模块或构件的建设数量，新设计或迭代产品中标准化模块的使用率等。

知识管理。知识管理工作的主要产出是专利和专有技术，包括实用新型专利、发明专利、软件著作权等。企业可以按照专利和专有技术的数量对研发设计人员进行考核，或者根据其对企业的价值赋予不同的指标系数，如针对发明专利赋予系数 3，而针对实用新型技术赋予系数 1，简单来说就是 1 个发明专利相当于 3 个实用新型专利。企业在开展这类考核时，应注意周期问题，专利和专有技术从申请到授予过程较长，可能会超过绩效管理周期，这时企业要变通处理。

产品的技术先进性。产品的技术先进性可以通过样机、样品的评审来确定。

技术测试。技术测试工作的绩效考核内容包括产品测试的及时性，以及应用后发现的缺陷数（漏测导致的）等。

表 5-2 对上述研发设计人员的绩效考核维度及对应指标进行了归纳总结。

表 5-2　研发设计人员的绩效考核维度及对应指标

序号	绩效考核维度	绩效指标
1	项目研发 （时间、质量、费用）	项目按时完成率、研发问题关闭率、测试一次性通过率、设计缺陷数、研发费用（如样机、耗材）等

（续表）

序号	绩效考核维度	绩效指标
2	产品的设计成本	新产品设计成本、迭代产品成本降低率等
3	标准化建设与应用	标准化模块数、构件数、新设计或迭代产品中标准化模块的使用率等
4	知识管理	专利数、专有技术数等
5	产品的技术先进性	属于行业内先进技术、国际先进技术等；
6	技术测试	产品测试及时率、漏测导致的产品缺陷数、项目上线后出现的 bug（漏洞）数

5.4.2　营销和销售人员的绩效管理

营销和销售人员是企业经营发展过程中的重要力量，他们将企业的产品或服务推荐、介绍并销售给客户，直接为企业创造价值与收入。营销人员通常主要负责产品定位，产品组合布局，制定价格、渠道、宣传推广及促销策略，完成客户分析与分类、客户服务与管理等工作；销售人员主要负责客户或渠道开发、产品介绍、处理客户异议、促进成交、回收货款及售后服务等工作。

（1）营销和销售工作的特点

营销和销售人员是非常有活力与激情的一群人，他们是企业的"战士"，直接在市场上和竞争对手短兵相接。营销和销售人员直接面向客户，需要具有超强的学习能力，不但要懂产品、懂市场，还要会沟通、会社交、懂心理学和社会学等，这样才能在高度竞争和瞬息万变的市场上将企业的产品或服务卖出去，同时根据市场变化及时调整企业的销售战略、策略和战术。

营销和销售工作具有以下特点：

首先，营销和销售工作直接为企业创造价值与收入，对企业的生存和发展至关重要；

其次，营销和销售工作是企业各项工作的龙头，也是企业运作的核心，这项工作做不好，企业内部很难形成合力；

最后，营销和销售工作是企业的触角与雷达，通过这项工作，企业可以直接感受到市场温度，获得与市场相关的第一手资料。

（2）销售业绩管理

企业要想做好销售团队的绩效管理，先要明白销售业绩是怎么来的。销售业绩主要体现在销售额上，销售额的基本计算公式是：

销售额 = 客户拜访量 × 成交率 × 客单价

上述销售额计算公式，不同的企业在形式上可能会有变化。例如，零售便利店的销售额计算公式为"顾客数量 × 成交率 × 客单价"；现在很多企业都是线上、线下同步销售，销售额计算公式可演变为"线下客户拜访量 × 成交率 × 客单价 + 线上询盘量 × 成交率 × 客单价"。但无论其形式如何变化，本质上都是不变的。企业要想提升销售额，对于线下销售，要么提升客户拜访量，要么提升成交率和客单价；对于线上销售，要么提高询盘量，要么提升成交率和客单价。

企业销售业绩不好的原因有很多，大致可以总结为三点：营销战略存在问题，销售管理不到位，缺少高效实用的销售管理工具。

营销战略存在问题

企业营销战略方面的问题主要体现在以下几方面。

第一，企业没有将营销战略分解为阶段性的目标和策略，导致执行计划不合理，策略和执行方法不明确等。

第二，客户画像不清晰、选择客户不果断、对客户的管理不到位。例如，没有对客户进行分层和分类管理，把所有客户都混在一起进行服务，这样会造成产品交期无法保证、销售回款差、企业运营效率低下等问题，久而久之，客户和资源会不聚焦，企业能力培养也不聚焦，从而极大影响销售业绩。

第三，企业对客户价值洞悉不够，不能深刻把握客户的价值主张，更无法在此基础上提炼产品的核心卖点，这会导致企业无法将产品的卖点和客户需求完美结合，最终极力宣传、推广的产品无法引起客户共鸣，不能转化为销售；即使投入大量营销成本吸引来的"客源"，销售转化率也不高。

第四，产品定位不清晰，不是客户刚需，产品力差，标杆产品、流量产品和利润产品组合结构不合理。产品定位不清晰、产品组合结构不合理，是无法支撑企业长期健康发展的。

第五，企业内部协同不良，各部门间有壁垒，沟通协作不顺畅。例如，销售人员通过与客户反复沟通达成了初步合作意向，客户要求企业提供产品小样（样品），设计和生产部门却迟迟不能提供；再如，客户小批量试订企业的产品，结果产品出现交期延后及质量问题，这些都可能导致客户取消合作，给企业带来极大损失。

销售管理不到位

销售管理包含目标管理、客户资源管理、客户拜访管理、销售过程管理、人才管理、竞争管理。

目标管理是销售管理的重要内容，也是销售管理的重要工具。目标管理常见的问题包括目标制定及分解不合理，目标无法达成共识，如销售人员不认同销售目标或认为目标定得过高。这里要注意一点，销售目标过高或过低都存在问题，目标过高，销售人员可能会因为远达不到而选择"躺平"；目标过低，则难以激发销售人员的工作潜力。

客户资源管理是销售管理中最容易出问题的环节。客户及相关资源分配非常考验企业的管理水平。企业应安排不同级别的销售人员服务不同级别的客户，如针对大客户以及重点区域的客户，企业应安排经验丰富的销售人员跟进，要知道，优秀的销售人员能把普通客户发展成大客户。因此，企业应把区域特性、客户等级与销售人员的能力进行匹配，让每个销售人员都能发挥所长、创造业绩、获得成长，让每个客户都能得到高品质的服务。

客户拜访管理包括客户拜访数量管理和客户拜访质量管理。达不到一定的客户拜访量，企业的销售业绩很难提升。日本某位营销大师曾说："要想销量翻倍，先要把拜访量翻倍。"达到一定的客户拜访量，接下来就要提高客户拜访质量。对于客户拜访，企业应做到精细化管理，如每个销售人员需要管理多少客户，其中有多少 A 类客户、多少 B 类客户，每天要拜访多少客户，在客户拜访中有哪些收获和教训，后续计划怎么跟进等，这些过程管理工作如果做不到位，提升销售业绩就会是一句空话。销售人员应重点考虑拜访客户的结构，新客户与老客户的拜访比例，同时要明确拜访目的，预判拜访过程中的风险，制订执行计划及对应的预案等。阿里巴巴公司早期的中国供应商销售团队就要求基层销售主管 70% 的工作时间要花在陪同销售人员去拜访客户上，通过陪同拜访来提升客户拜访质量。

销售过程管理主要是对销售业绩的实现过程进行管理。我们常说销售业绩是盯出来的，企业销售过程无管理或无效管理，销售业绩都难以提升。而作为销售管理人员，应定期跟进销售过程，及时发现并解决销售过程中存在的问题，改进销售工作的不足。销售管理人员应了解市场，帮助下属深入到客户拜访和客户服务环节中，了解客户有多少预算、计划采购多少产品、是否有可能增加采购量等。同时，销售管理人员要多与下属沟通，了解下属的工作态度、具备的知识与工作技能及执行力等，通过高效管理提升下属的自信心，增强整个销售团队的凝聚力，避免优秀的销售人员流失。

人才管理是一项非常重要的工作。人才不是企业的核心竞争力，管理人才的机制才是。如果企业对销售人员的管理不到位，销售绩效考核与激励机制不合理，可能会导致销售人员工作动力不足、投入不够，不愿意拜访客户或客户拜访数量少、拜访质量低，对客户服务不用心等问题，这种情况下，企业的销售业绩是无法提升的。销售人员的职位和收入应与销售业绩挂钩，企业要让销售人员清晰地知道自己的职位和收入都是靠销售产品"挣"来的。

竞争管理是销售管理中容易出问题的一个领域。实务中，很多企业管理者既不了解市场，也不了解竞争对手和竞品，他们不做市场调查或者做的市场调查无效，对竞争对手的策略、成本、利润率、产品卖点等知之甚少，一旦竞争对手的产品卖得好，抢占了本企业产品的市场，就束手无策，不知如何应对。其实，要了解市场、了解竞争对手，最简单的方法就是深入客户，我们常说"客户是最好的老师",而企业和竞争对手的交集就是客户,通过与客户多沟通、多交流,企业管理者可以了解更多的市场信息及竞品信息。

缺少高效实用的销售管理工具

销售工具的价值在于可以帮助销售人员简化工作步骤,快速提升工作效率和销售业绩。如果没有高效实用的销售管理工具赋能,销售人员就会像没有作战系统支持的散兵,在战场上作战全凭运气和临场发挥,不仅自己难以生存,还浪费了大量的销售资源。

(3)高效实用的销售管理工具

上文提到缺少高效实用的销售管理工具是企业销售业绩不好的主要原因之一,那么,企业日常销售工作中常用的销售管理工具都有哪些?企业应如何使用呢?从高效实用的角度来看,企业常用的销售管理工具有销售人才画像、销售流程和话术、差距分析和辅导精进等。

销售人才画像是一种非常有效的招聘和甄选优秀销售人员的实用工具,也是企业建设一支强大的销售铁军的必备工具。很多企业没有销售人才画像或标准,导致招聘来的销售人员能力不够。通过观察我们可以发现,在优秀的销售团队中,业绩好的销售人员都有一些相同的特质,我们称之为能力素质或胜任力。业绩好的销售人员通常目标感强,他们勤奋、自信、灵活、自律,对待工作积极主动,不达目的不罢休。实务中,企业应根据产品特性,分析总结销售团队中优秀销售人员应具备的特质,并绘制形成企业的销售人才画像。销售人才画像形成后还须经过验证,即反观企业目前业绩非常好的销售人员是否具备这些特质,验证无误后,企业就可以凭借销售人才画像去招聘和甄选优秀的销售人才了。通过绘制销售人才画像，企业可以大大提升销售团队建设的效率。

根据企业所处的发展阶段、行业、产品、客户，以及企业文化和管理风格的不同，销售人才画像也会有所不同。表 5-3 是企业的销售人才画像举例，仅供参考。

表 5-3　销售人才画像举例

序号	能力素质	行为表现
1	成就导向	认为自己一定会成就一番事业，并且一直付出努力
2	积极且勤奋	从不说消极的话，不偷懒，对待工作一直勤勤恳恳
3	以客户为中心	能够为客户着想，始终站在客户的立场上思考问题
4	团队精神	服从指挥，不斤斤计较，不抱怨，能主动帮助同事

销售流程和话术是提升销售业绩的重要工具。如果企业没有针对自身产品制定相应的销售流程，总结销售话术，销售人员就如同"赤膊上阵"，销售失败率极高。销售失败率高，会给企业造成巨大的财务成本、机会成本和时间成本损失。另外，没有销售流程和话术，销售人员容易被客户牵着鼻子走，按照客户的节奏洽谈业务，这种情况下，企业的优势则难以发挥出来，销售人员的语言会变得苍白无力，成单的概率必然会大大降低。

其实，无论是 ToC（面向个人）销售还是 ToB（面向企业）销售，都有一个过程，ToC 销售一般会经历介绍产品、解答异议、促进成交三个步骤，每个步骤都应有对应的话术，这样才能提高成交率；ToB 销售则更是如此，一般来说，企业面向企业销售会经历较为漫长的过程，需要经历确定需求、考察供应商、确定方案、招标或竞争性谈判、签订合同等阶段，其中每个阶段都要有明确的目标、策略和话术，并且要在执行的过程中持续优化和改进，这样才能提升成交的概率。

差距分析和辅导精进不仅是提升销售人员业绩的管理工具，更是促进销售人员个人成长的重要工具。在销售工作开展过程中，企业要持续进行差距分析，包括本企业与标杆企业的差距分析，销售团队与标杆销售团队的差距分析，实际完成情况与目标的差距分析，实际话术与企业 SOP（标准作业程序）的差距分析，普通销售人员与销售冠军的业绩差距分析等。很多优秀的销售团队每天、每周、每月、每季度都会做差距分析，以便及时找到造成差距的问题点，并制定弥补差距的措施。

我们常说"找到问题点是成长的开始"，但难的是如何找到真正的问题点。很多时候我们都以为自己找到了问题点，但当一个问题反复出现时，则侧面证明了我们根本没有找到真正的问题点。那么，如何找到真正的问题点呢？不同的企业有不同的方法，"5why"分析法是目前很多企业都在采用的一种方法。"5why"分析法又称"5 问法"，即对一个问题点连续问 5 个为什么，以找到真正原因。亚马逊（Amazon）公司就常用"5why"分析法解决问题，例如，针对客户的严重投诉或抱怨问题，公司创始人杰夫·贝佐斯（Jeff Bezos）会亲自发邮件给相关负责人，通过问 5 个为什么找到客户投诉或抱怨的真正原因，然后逐一并彻底地解决问题。

实务中，还有些企业会采用与"5why"分析法类似的一种问题分析方法，即到点法。所谓到点法，就是深究问题的原因，找到真正的问题点。例如，作为企业管理者，你认为销售人员刘某的工作比较差，这只是一种感觉，不够具体，你无法拿出可行的措施帮助刘某将工作做好。这时，你要问自己为什么觉得刘某工作差，因为他连续三个月业绩都不达标吗？为什么业绩不达标呢？对产品不熟悉吗？企业有七种产品，他对哪种产品不熟悉……就这样一步一步追溯问题的根源。追溯到最后，也许刘某只是对七种产品中的 F 产品不熟悉，这也是造成其业绩不好的根因。这时，你就可以针对刘某业绩不好的根因为其制定改进措施，如对刘某进行 F 产品的相关培训。只有发现的问题点足够小，企业才能制定出具体、有效的改进措施，示例如图 5-1 所示。

图 5-1　到点法示例

（4）绩效管理存在的问题

营销和销售人员的绩效管理通常存在以下两方面的问题。

一是考核内容过于单一，如对营销人员只考核营销活动执行率或营销活动数，对销售人员只考核销售额等。这表面上看没什么问题，实际上问题很大。如果对营销人员只考核营销活动执行率或营销活动数，可能会导致营销人员盲目追求数量，组织很多的营销活动，花费很多成本，但活动质量都不高，没什么效果，对产品销量的提升没有太大帮助；如果对销售人员只考核销售额，那么是考核合同额还是到账额呢？若考核合同额，销售人员可能不会关注回款，企业会出现应收账款高、坏账累积严重等情况。

二是以结果论英雄，将所有希望寄托于结果，企业一味地强压业绩指标，绩效管理过程粗放甚至缺失，缺乏必要的销售策略、方法和工具。实务中，很多企业认为销售应"以结果论英雄"，绩效指标设计完成后，直接看绩效考核结果。这就是典型的绩效管理过程粗放甚至缺失的表现。阿里巴巴公司一直强调有目标必有策略，有策略必有计划，有计划必有执行。其实，所有的销售结果都是通过过程创造的，特别是对于新入职的销售人员来说，如果企业只给出业绩指标，而不明确告诉他们如何达成，不给他们策略、方法和工具，那么这些新人很难完成指标，长此以往其自信心会受到打击，可能会选择消极怠工或离职等。

企业把绩效管理简化为绩效考核，把管理工具变成考核工具，这是管理上懒惰的表现。没有跟踪执行，企业是无法发现员工工作上的偏差与不足的。优秀的企业都强调有执行必有追踪，有追踪必有精进，有精进必有提高，有提高必有业绩增长。

（5）绩效管理的"一个中心，四个加强"

企业要想对营销和销售人员进行高效的绩效管理，提升企业的整体销售业绩，须做到"一个中心，四个加强"，即以客户为中心；加强绩效指标设置的精细化；加强过程分析和管理，帮助员工提升绩效；加强激励与淘汰机制；加强员工培训。

以客户为中心。通常情况下，一线营销和销售人员基本能做到"以客户为中心"，而一些中高层管理人员，由于不直接与客户接触，可能会忽视这一点，这就需要企业加强对各级人员的管理，全面贯彻"以客户为中心"的经营理念。

加强绩效指标设置的精细化。通常来说，营销体系人员的绩效指标应从结果、客户、执行过程、个人成长等维度进行设计，指标举例如表 5-4 所示。

表 5-4　营销体系人员绩效指标举例

维度	销售	营销	运营（线上）	客服
结果	销售额 / 利润 /回款额	销售增长率	UV（独立访客）数 /PV（页面访问量）/ 转化率等	客户满意度
客户	VIP 客户数 /新客户数	有效线索数	UV/PV 增长率	客户投诉关闭率
执行过程	拜访达成率	活动达标率	运营计划完成率	问题一次性解决率
个人成长	知识和技能考试合格率			考试合格率

加强过程分析和管理，帮助员工提升绩效。企业应加强销售过程分析，找出员工工作中存在的问题，给员工一个明确的改进方向。

表 5-5 是某公司八个销售大区一个月的销售数据分析表，我们以此为例进行分析。从表中可以看出，四个完成目标的大区（华北、华中、西南、直辖）有个共同的特点，新客户开发量多，或者成交率较高；而没完成目标的大区，如东北大区，其主要问题是线上转化率太低，并且新客户开发量少。这里要注意一点，华北大区虽然整体目标完成得不错，但也有改进的空间，其线上转化率太低，对此，企业要在客服的服务话术和服务技巧上下功夫，以提升线上转化率。

表 5-5　某公司销售数据分析表

序号	大区	线上转化率	新客户开发量	新客户成交率	目标完成率
1	东北	17.9%	44	36.4%	77.0%
2	华北	15.9%	174	33.3%	122.6%
3	华东	23.0%	126	20.6%	89.3%

（续表）

序号	大区	线上转化率	新客户开发量	新客户成交率	目标完成率
4	华南	21.3%	47	29.8%	56.5%
5	华中	15.1%	67	55.2%	125.5%
6	西北	16.7%	82	24.4%	76.5%
7	西南	27.5%	135	20.0%	106.0%
8	直辖	20.2%	120	38.3%	102.7%

加强激励与淘汰机制。对于营销和销售人员，企业应加强激励与淘汰机制。对于优秀的员工，要及时奖励；而对于长期不能完成绩效指标、无法胜任营销与销售岗位的员工，要及时淘汰。

加强员工培训。有些企业的销售人员没有接受过相关培训与考核，他们对产品和市场不了解，直接开展销售工作无异于"赤膊上阵"，不仅完不成销售任务，还会浪费大量的销售线索，而这些销售线索多数是企业花费高昂的成本得来的。同时，由于对产品不了解，他们可能无法为客户提供满意的服务，这会导致客户对企业的印象较差。因此，企业要通过绩效管理及时发现销售人员存在的问题，为他们提供有针对性的培训，帮助他们提升业绩。

5.4.3　生产人员的绩效管理

生产人员在制造业企业的员工总数中占有较大比重，主要包括直接生产人员、生产辅助人员和生产管理人员等。直接生产人员是指直接从事生产操作的人员，包括操作工人和相关工程技术人员等；生产辅助人员包括试验工、质量检验工、设备维修工、卫生清扫工等；生产管理人员包括班组长、生产计划管理人员、生产设备管理人员等。

（1）生产管理常见的问题

一般企业的生产管理通常存在以下几方面的问题。

生产系统的管理策略、方针和计划不明确

企业的生产系统需要有明确的管理策略、方针和计划，如为了达成产品交期、质量和成本等目标，企业生产是采用标准化还是自动化策略，是否要降低成本，进度是怎么安排的，车间是否需要进行自动化改造等。

交期、质量、成本和安全存在问题

这些问题都只是结果，导致这些问题产生的主要原因是人员的能力不足、管理效率低，机器设备的配置不合理、保养不到位，原材料、辅料供应不足，工艺不达标以及环境差等。

交期问题本质上是企业的效率问题，影响效率的常见因素有在销售与生产的衔接上占用大量的时间，生产计划的刚性被弱化，设备管理问题多，缺少产能管理措施及有效的激励措施等。

在销售与生产的衔接上占用大量的时间。有些企业特别是工业品生产企业，它们在销售与生产衔接环节占用了大量的时间，最后留给生产线的产品生产时间很短，从而导致生产部门难以按期交货。交期还受合同评审、技术交底、合同签订、产品设计等环节的影响。例如，在合同评审环节，若该项工作草草了事或缺少这个环节，可能会出现订单没有区分"轻重缓急"等情况，最终导致生产计划的输入出现问题。这类问题的解决还需要企业在核心流程和操作规范的建设与优化上下功夫，只有这样才能从源头上解决效率问题。

生产计划的刚性被弱化。每个销售人员都希望自己的订单能尽早生产出来并及时交付到客户手中，对此企业如果不做好生产计划管理，生产计划的刚性就会被弱化，导致计划总是被打乱、被干扰，插单频发。这种情况除了会降低生产效率，还会影响采购、仓储、物流等环节的效率，从而导致交期无法保证，需要马上交货的订单生产不出来，不需要马上交货的订单生产出来了但发不了货，最终造成成品库存高企，严重影响整个生产系统的效率。

设备管理问题多。除了上述几点，企业设备管理制度不完善，设备故障多且不能及时修复，生产人员对设备操作不熟练或误操作，设备日常点检和维护不到位，设备保养不当等，也会影响产品交期。设备故障多且不能及时修复，会造成生产时间延长，增加生产次数；生产人员对设备操作不熟练或误操作，会导致设备损坏或者设备非正常停机，从而严重影响生产效率；设备的日常点检和维护是企业设备管理的重要工作，设备日常点检和维护不到位，会导致很多设备问题无法预防，这会给企业生产带来安全隐患；设备保养不当也会影响生产设备的正常使用，导致非正常停机，影响生产效率等。这里要强调一点，生产设备常常出现故障且维护、保养不当，不但会影响生产进度，降低生产效率，还会减少设备的使用寿命。

缺少产能管理措施。不少企业出现交期问题的主要原因是企业不清楚自己的车间、工段、机台的设计产能、标准产能与现实产能，也不进行产能管理，从而造成产能管理没有依据，问题分析没有抓手，生产效率无法提升。我曾有个客户遇到过类似的问题，为了提升生产效率，公司董事长带领公司核心团队和咨询师组成攻关小组，吃透生产的每个环节，了解清楚每个环节的设备情况、工作内容、已存在的问题、问题易发点、效率的改进空间等，让核心团队对公司的生产设备、生产工艺、设计产能、效率堵点等做到心中有数。这样执行下来，公司不仅解决了 80% 的生产问题，产能也提升了 67%。后来，该公司在此基础上形成了年度生产效率盘点制度，每年都会进行一次生产效率盘点，这使该公司的生产效率得到了持续提升，超过同行数倍，公司在生产制造方面的竞争优势逐步形成。

很多生产定制化产品的企业在产能管理方面也存在问题，由于这类企业的订单多数为小批量、多品种，因此其难以准确计算标准产能和真实产能，这就导致企业投产很久仍然不知道自身的标准产能是多少，有没有达产。这种情况下，企业对生产人员的绩效考核会缺乏依据和标准。我建议这类企业在制定生产人员的绩效管理制度前，先对产品进行分类，确定标准产品，其他类别的产品以标准产品的产能为基准折算系数，依此来计算企业的标准产能和真实产能，然后通过绩效管理去提升企业的真实产能，力求达产。

缺少有效的激励措施。现在有些企业的管理理念较为落后，对员工的管理方式简单粗暴，缺乏有效的激励措施，从而导致员工的流失率高。员工大量流失、缺少熟练工，不仅会增加企业的员工招聘与培训成本，还会严重影响企业的生产效率。对于生产操作类员工的激励，比较好的办法是采用计件制，这里的计件制是一个广义的概念，简单来说就是生产人员的收入要与生产出来的产品的交期、质量和成本挂钩。有的企业认为这种激励方式存在周期性问题，如果在生产淡季采用计件制对生产人员进行激励，员工的收入会很低，容易导致优秀员工流失；还有的企业因为生产的产品种类繁多，所以也认为计件制激励方式对本企业不适用。其实，计件制激励方式需要根据环境的变化及企业的生产经营情况进行有针对性的设计，例如，在生产淡旺季采用基本工资和超额计件相结合的方式对员工进行激励，旺季通过超额计件提升员工的收入，淡季通过基本工资保障员工的生活；而针对产品种类繁多或者非标产品，可以采用产品分类计件等办法对员工进行激励。

质量问题多出在研发、采购及生产制造环节。研发环节的质量问题前文已经讲过。采购环节的质量问题一般出在原材料或元器件上，企业要解决这类问题，一要做好采购货物入库前的质量检查工作；二要做好供应商管理工作，对供应商进行考核，并制定淘汰机制；三要把质量管理深入到供应商的生产过程中，通过质量评审和飞行检查（跟踪检查，指未事先通知被检查单位而进行的现场检查）来确保采购品生产环节的质量。

我们常说没有过程的精品，何来结果的精品。很多企业的质量管理过多关注结果，对过程质量关注较少，导致生产作业过程中的产品缺陷没有被及时发现，继续流入下一道工序，结果造成产品返工。产品返工次数过多，会导致产品品质不断下降，客户抱怨多，甚至要求退货，企业的生产成本也会增加。可以说，返工是企业最大的浪费！

成本问题是制造业企业的核心问题，而成本优势是制造业企业最主要的竞争优势，解决成本问题，是企业生产制造部门的核心职责之一。企业管理成本的前提是要衡量成本，即核算标准成本。标准成本是指在生产系统正常和高效率运行的情况下制造产品的成本，其中的间接费用可以按事先规定的比率分摊到产品中，作为标准成本的组成部分。标准成本是根据预计未来应该发生的生产要素消耗量、预计价格和预计生产经营能力利用程度计算出来的。企业可以根据实际情况，把暂时避免不了的损耗和低效率等情况也计算在内，这样更符合企业实际。标准成本一般会高于理想成本，低于历史平均水平，实施后标准成本和实际成本之间会有一个差距，这个差距需要生产系统的所有员工一起努力才能弥补。

一般情况下，标准成本包括标准材料成本、标准人工成本、标准能耗成本等。生产过程中的原材料、在产品、成品积压等库存可以折算成积压资金，计算资金占用成本。如果企业的产品种类较多，可以计算几个产量较大的产品的标准成本，然后其他产品的标准成本按照成本系数进行折算即可。

标准成本的达成是生产制造部门主要的绩效指标之一。那么，如何才能达成标准成本呢？生产制造部门的人员可以在采购、议价、产品生产等方面做工作。前文说过"返工是企业最大的浪费"，质量损失则是最大的成本。质量损失包括产品生产坏、生产错的损失，因客户索赔造成的损失，以及低效率利用原材料的损失等。因此，生产制造部门的人员要争取一次性把工作做对，每个环节都一次做好，坚决不让有瑕疵的产品流入下一道工序，以降低实际成本，达成标准成本。

安全问题。安全无小事，生产制造企业的安全管理是个大问题，企业的安全规范执行和安全检查不到位，会在生产过程中造成安全事故。这不仅会影响企业的正常生产，增加生产成本，甚至可能危害员工的人身安全。在安全管理绩效考核方面，企业除了考核安全事故发生的次数及等级外，还要关注安全规范的执行及检查情况等。很多企业会按照安全的等级对生产作业区域进行分类，不同类别的区域用不同的颜色标注，员工一旦进入安全等级较高的区域，自然会提高警惕，按照规章和规范执行。

（2）生产部门绩效管理的常见问题

生产部门的绩效管理问题一般体现在以下几个方面。

绩效指标太多、重点不突出、没有针对性等，较为常见的是企业对每个生产车间都考核一样的绩效指标，权重也一样，这看似公平，实则没有考虑各个车间的具体情况和面临的问题。

绩效指标的考核与评分标准不清晰、不明确，不能很好地将绩效好和绩效一般的员工区分开。实务中不少企业采用扣分法对员工的绩效进行评分，如做错一件事扣多少分。这种情况下，有些被考核者会选择少做事，因为做得越多出错的可能就越多，被扣的分也越多。如果一个团队里大部分人都是这种心态，都不愿意多做事，工作还怎么顺利开展呢。

用加班费激励员工多加班。很多企业由于不便于计件，会选择以支付加班费的方式来激励员工多加班，期望通过延长员工的工作时间来加快生产进度，确保产品交期。殊不知，工作的时间和产量未必成正比，有些员工可能会为了挣加班费而故意延长工作时间。长此以往，整个团队会养成低效率的工作习惯，到时再想提高效率就难了。

除了上述几方面，生产部门的绩效管理还存在检查、辅导、反馈等动作缺失问题，这可能会导致员工的工作方向跑偏，企业无法及时发现员工工作中的问题并纠偏，最后绩效管理变成了简单粗暴的绩效考核。另外，激励政策的设计和激励力度不合适也是企业绩效管理的常见问题。这些问题都会影响生产部门的绩效管理效率，对此企业要制定对应策略逐一解决。

（3）生产部门主要岗位的绩效指标设计

生产部门主要岗位的绩效指标设计建议遵循"两高两低"的原则，即高效率、高品质、低成本、低风险。企业可以遵循这个原则，再结合每个岗位的特点进行绩效指标设计，具体可以参考表 5-6。当然，随着企业的发展，绩效指标可进行调整。

表 5-6　生产部门主要岗位的绩效指标设计

序号	设计原则	生产经理 / 总监岗	工艺岗	设备岗	质量岗
1	高效率	生产计划按时完成率	因工艺改进提高的生产效率	停机时间（设备稼动率）	检验及时率
2	高品质	一次检验合格率	因工艺改进提升的产品品质	维修及时率	客诉次数问题关闭率
3	低成本	单位生产成本降低率	因工艺改进降低的成本	维修成本	质量损失
4	低风险	事故次数	事故次数	设备事故次数	质量事故次数

总之，企业要想通过绩效管理提升生产部门的工作效率，首先要做好绩效指标、目标值、绩效指标评分标准、权重等的设计工作；其次要做好绩效的过程管理工作，生产部门要做到每日跟踪、每周分析、每月总结，跟踪和分析工作要做到"四到"，即到车间、到工序、到机台、到人。只有这样，企业才能及时总结成功的经验和失败的教训。

这里要强调一点，对于一线生产人员的绩效考核，企业应尽量缩短考核周期。海尔公司早期创立的 OEC 管理法是海尔成功的秘诀之一。OEC 管理法即全方位优化管理法，它为海尔公司的做大做强打下了坚实的基础。在 OEC 管理法下，一线生产人员实行按天考核，以天为单位形成管理闭环。当然，并非每家企业都要按天对一线生产人员进行考核，企业可以根据自己的实际情况缩短一线生产人员的考核周期。在激励机制上，能计件的尽量计件，同时要考量产品质量；还要增加合理化建议及实施效果的激励，加大对重大技术改造、重大创新的奖励。

5.4.4　职能部门人员的绩效管理

职能部门从事的是服务性、参谋性、支撑性和专业性的工作，职能部门的工作通常呈现出"四多一弱"的特点，即事务性的工作多，工作不易衡量；过程性的工作多，成果不易显化；临时性的工作多，内容不固定；协调组织性的工作多，不是自行实施；工作与企业经济效益的相关性弱。

职能部门绩效管理的常见问题有，部门战略与企业战略"对不齐"；在职能部门的绩效指标中，量化指标相对较少；过程管理缺失；绩效指标错误多，如把任务当绩效指标，把应做的事情当绩效指标；绩效考核受主观性影响大等。

职能部门的绩效管理要着眼于提升部门价值能级，职能部门的价值能级分为三级，分别是支持服务级、业务伙伴级和战略管理级。职能部门对企业的价值贡献随着价值能级的提升而提升。

职能部门价值贡献提升的核心驱动因素可以总结为**"一专五看"**。**"一专"即以专业为基础，**职能部门的专业性是其在企业存在的价值和基础，其必须通过提升专业水平，用自己的专业赋能并促进企业的业务发展。**"五看"即看战略、看价值、看服务、看成长、看问题。看战略**是指职能部门的绩效指标要主动与企业战略对齐，落地企业战略，促进企业战略目标的达成；**看价值**是指职能部门要努力呈现自己的专业价值，应用自身专业赋能企业业务发展，如财务部借助专业能力帮助业务部门提升资产使用效率、提高资金周转率，人力资源部借助专业能力帮助业务部门提升组织和团队的工作效率与能力等；**看服务**是指职能部门要有服务意识，为业务部门做好服务，体现出专业价值；**看成长**是指通过绩效指标设计和绩效管理的实施促进职能部门和业务部门一起成长；**看问题**是指通过绩效管理促使企业长期存在的"老大难问题"得到解决。

表 5-7 是职能部门绩效指标设计示例。由于企业战略、发展阶段和管理基础不同，职能部门的绩效指标会有所不同，此表仅供企业学习和参考。

表 5-7　职能部门绩效指标设计示例

核心驱动因素	人力资源部	财务部	行政部	法务部
看战略	人事费用率	成本控制率	—	—
看价值	招聘按时到岗率	总资产周转率	SOP 建设	法律风险损失
看服务	员工满意度	报销及时率	员工满意度	有效投诉次数
看成长	核心人才优秀率	税负降低率	—	隐患关闭率
看问题	员工流失率	全面预算实施率	有效投诉次数	

对于职能部门的绩效过程管理，企业可以用以下六个问题来检验是否做到位了，是否能促进职能部门绩效目标的达成。

（1）有没有达成目标的计划？

（2）有没有定期检查、回顾、复盘？

（3）知不知道工作的"重灾区"在哪个环节？

（4）是否找到了关键问题点？

（5）有没有解决问题的措施？

（6）措施落地是否有保障？

第 6 章　互联网企业的绩效管理

6.1　认识互联网与互联网企业

互联网是一个大型的智能化工具，应用这个工具，企业可以做到六个"零距离"：企业与用户、客户之间零距离，企业与上下游合作方之间零距离，企业与员工之间零距离，企业内部部门之间合作零距离，企业与政府或监管部门之间零距离，企业与生态群里的其他企业零距离。互联网的零距离可以让信息获取及情感沟通更加及时、精准、低成本，让企业生态群实现共创和共生。

无论是互联网企业还是传统企业，经营本质都是相同的，即以盈利为目的，为客户创造价值，也许互联网企业短期的经营目标是获取高流量，但高流量背后隐藏的还是利益。当然，互联网企业与传统企业也有不同之处：首先，由于互联网具有信息传播及时、实时共享等特点，因此互联网企业所面临的市场环境变化更快，这就需要企业组织更加灵活，以快速响应市场环境及市场需求的变化；其次，互联网企业面临激烈的市场竞争，更需要技术创新，通过先进的技术为用户和客户提供更高效的解决方案，因此，互联网企业的核心资产是人才，企业更加认可人才的价值；最后，互联网企业更加关注客户体验，常常通过快速迭代产品和服务来提升客户体验，依靠优质的客户体验来留住客户。

由此可以看出，互联网企业要想生存发展，需要快速响应市场的变化、快速迭代产品与服务，这些都要求互联网企业必须建立严格、高效的管理制度，而绩效管理是非常重要的一方面。

6.2　互联网企业成功的关键因素

近些年，互联网企业呈现出以下发展趋势：首先，由技术和创新驱动发展，互联网企业强调技术创新，通过先进的技术或技术创新，如人工智能、大数据、区块链等技术赋能业务发展；其次，互联网企业开始拓展全球业务，参与全球化竞争，拼多多、抖音等"走出去"战略取得了成功；最后，互联网社交化属性越来越重要，直播、短视频、社交媒体已成为互联网业务的重要组成部分，促使用户之间的互动更密切，实现资源共享。

互联网企业的成功有三个关键因素，分别是流量、产品和运营（见图6-1）。流量解决的是"用户是谁（who）"的问题，产品解决的是"用户为什么（why）会来"的问题，运营则解决"用户如何来（how）、如何留住、如何转化和裂变"的问题。流量是根基，产品是媒介，运营是手段，这三个因素互相作用，好的产品和运营会吸引和增加流量，高流量也会促进产品和运营的改善。

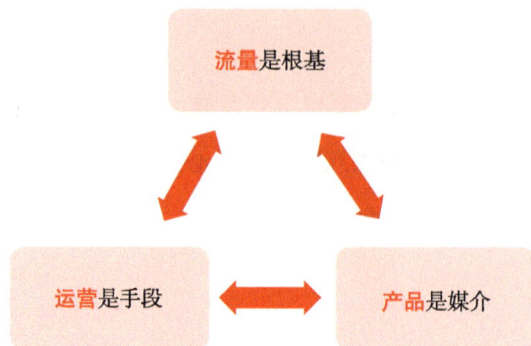

图 6-1　互联网企业成功的三个关键因素

流量、产品、运营如同"铁三角"，支撑着互联网企业健康、快速地发展。优秀的互联网企业在这三个方面通常都表现得很优异，并且至少在一个方面具有"杀手锏"，如腾讯和字节跳动公司的产品，阿里巴巴和美团公司的运营等；发展良好的互联网企业在这三个方面至少要达到及格线；而失败的互联网企业多数都是在这三个方面表现较差，最终被市场淘汰。

流量指标包括用户的平均访问时长，平均一次会话浏览页数（即访问深度）和跳出率，访问来源，流量入口（落地页）等。产品指标包括质量指标、创新性指标、研发过程指标、用户体验指标、市场竞争指标、财务指标等。运营指标包括 UV、PV、新用户数、活跃用户数、流失用户数、回访用户数、留存率、转化率等。

6.3　互联网企业不同发展阶段的绩效管理

互联网企业在不同发展阶段的企业战略目标是不同的，绩效管理的重点自然也不同。

在**创业初期**，包括种子轮、天使轮和 PreA 轮融资阶段，多数企业创始人仅有一个"好的想法"，而如何组建团队、搭建组织架构，如何把想法落地并研发、打磨成产品，逐步形成商业模式，是这个阶段的重点。因此，这个阶段的战略目标是推出好产品和好的商业模式，如 OpenAI 公司推出的 ChatGPT。当然，并不是所有的产品和商业模式都能像 ChatGPT 那样一炮而红，注册人数迅速过亿，绝大多数企业还需要不断的迭代、打磨产品和商业模式，然后向投资人证明企业具有发展前景，产品和商业模式有巨大的市场空间。

很多人认为处于创业初期的企业根本不需要绩效管理，其实，这个观点是错误的。处于这个阶段的企业，团队人数较少，是团队形成高效工作习惯的好时机。企业可以通过绩效管理促使团队内部养成定目标、定计划、定期复盘、持续改进的好习惯，同时通过绩效管理及时发现与工作岗位不匹配的人员，特别是那些总完不成目标和计划的人，必要时做出人员调整。

在确定产品和商业模式后，企业就进入了**快速发展期**，也就是我们常说的A轮、B轮、C轮融资阶段，这时产品已得到试点市场的认可，需要大力推广，当然，这个阶段的产品也需要不断创新和迭代。处于这个阶段的企业，团队人员开始增加，组织开始膨胀，资金、发展、管理则成了企业面临的三大挑战。企业的战略重点变成了吸引新用户（拉新），留住用户（留存），促进用户活跃度（促活），将流量和点击率逐步转化为销售收入（转化），做好用户的推荐购买（裂变）工作等。这个阶段企业绩效管理的重点变成了目标达成，快速达成流量及业务目标是重中之重，企业通常以业绩论英雄，靠富有竞争力的薪酬吸纳并留住人才，同时淘汰不合格的员工。这看起来有点不近人情，但只有这样才能支持和促进企业的快速发展。处于快速发展期的企业，绩效管理要尽可能简单、容易操作，同时要抓住重点，确保绩效管理能促进企业的业务发展。

企业快速发展，顺利达成预期目标（如上市）后，会进入**成熟期**，即稳步发展阶段。处于这个阶段的企业经济实力雄厚，企业内部可能会出现员工的拼搏与创新精神不足，团队中小资情调滋生等问题，从而导致企业的组织和流程僵化，效率降低。企业进入成熟期后，战略要点要随之变为精益运营、精细化管理、持续降本增效。这个阶段企业发展的核心是高效运营、开源节流、发掘和培育新的增长点，绩效管理的重心则变成绩效改善，过程的精细化管理及企业文化的改革和升级。

任何事物都有生命周期，企业也不例外，在度过稳步发展阶段后，企业会进入**衰退期**。企业进入衰退期的表现为，产品陈旧、功能老化，不能适应市场的需求；用户和客户兴趣转移，用户忠诚度下降，客户需求逐渐减退；企业利润下滑，微利、保本甚至亏损现象较为常见。这个阶段企业的战略重点是降低成本和培育第二成长曲线，绩效管理的核心则变成降本增效，调整人才结构，促进新业务的发展等。

6.4 互联网企业各岗位人员的绩效指标设计

6.4.1 产品经理岗位人员的绩效指标设计

互联网企业非常重要的一个岗位就是产品经理，微信创始人张小龙、小米科技的 CEO 雷军等都把自己当作公司的第一产品经理。业界也流传着一句话，产品经理是 CEO 的学前班。产品的产生、迭代，很大程度上是由产品经理设计和决策的。

（1）产品经理的职责

产品经理岗位包括移动产品经理、数据产品经理、电商产品经理、商业产品经理、金融产品经理、硬件产品经理等，其职责从市场调查分析、产品定义和规划设计到推动产品研发，再到负责产品宣传推广及产品运营，贯穿产品的整个生命周期。

职责一，市场调查分析。市场调查分析包括用户和客户的需求调查分析及竞品调查分析。需求调查分析包括收集、分析市场信息和报告，直接与用户和客户深入交流，观察并分析用户和客户的相关行为等；竞品调查分析包括对竞争对手和市场中的竞品进行调查分析。通过需求调查分析和竞品调查分析，企业可以确定客户和市场的需求，抓住商业机会。

职责二，产品定义和规划设计。产品定义包括明确产品愿景、目标市场及典型的应用场景；做好产品定位和发展规划，竞争分析，成本核算，产品功能规划，产品开发顺序规划及版本管理等工作。规划设计包括产品外观的规划设计及用户体验设计，用户体验设计又分为用户界面设计和用户交互设计等。

职责三，推动产品研发。产品经理要负责产品研发及发布过程中的项目管理工作，包括制订项目计划、跟踪项目执行、选择关键路径、争取资源投入等，以确保产品研发完成并顺利发布。

职责四，负责产品宣传推广及产品运营。产品经理还要负责产品宣传推广及产品运营，包括明确产品的核心价值及卖点，撰写宣传文案，制定运营流程及规则，对外洽谈合作，开展数据分析、竞争对手分析等。

总之，产品经理需要根据产品的生命周期，协调做好研发、营销、运营等工作，确定和组织实施相应的产品策略及相关的产品管理活动。作为产品开发、管理和运营的牵头人，产品经理还要对产品的盈亏负责，为产品的运作协调好资源，促进目标的达成。

（2）产品经理的绩效指标体系

企业处于不同的发展阶段，产品经理的绩效指标是不同的。从整体来看，产品经理的绩效指标体系包括研发过程指标，如研发进度指标、研发质量指标等；创新型指标，如功能级创新、产品级创新、公司级创新、世界级创新等；运营指标，如日/月活跃用户数、转化率等；质量指标，如出错次数、闪退次数、宕机次数、下载量评分等；市场竞争指标，如同类产品下载排名、营收排名等；财务指标，如收入，利润等；用户体验指标，如留存率、任务完成率等。

针对传统的网络产品经理，有一个传统的产品评估模型，简称 PULSE 模型。PULSE 模型是基于商业和技术的产品评估系统，被很多组织和企业广泛应用于监测产品的状况。其解释说明如下。

P：PV（page view），页面访问次数。

U：uptime，持续运行时间。

L：latency，延迟时间。

S：seven days active user，7 天活跃用户数。

E：earning，收益。

PULSE 模型是根据产品的不同周期赋予不同的指标，以不同的权重来衡量一个互联网产品的运营情况。

谷歌公司则提出了自己的产品评估 HEART 框架，其解释说明如下。

H：happiness，愉悦感。

E：engagement，参与度。

A：adoption，接受度。

R：retention，留存率。

T：task success，任务完成率。

上述五项是衡量产品指标体系的框架，不同的产品可以在 HEART 框架下定义特定的指标，以便企业对达成目标的过程进行监控。

产品经理的绩效指标示例如表 6-1 所示。当然，根据产品所处周期及产品定位的不同，产品经理的绩效指标会有较大差别。

表 6-1　产品经理的绩效指标示例

序号	维度	绩效指标
1	财务	销售收入、利润率、研发成本等
2	用户	客户 / 用户数（量级）、转发（介绍）率、留存率、满意度等
3	过程	原型文档按时完成率、出错次数、研发 / 迭代按时完成率、研发问题解决率等

6.4.2　技术研发类岗位人员的绩效指标设计

技术研发类岗位人员是互联网企业的主力军，一般会占到企业总人数的一半以上。技术研发类岗位相对专业度较高，互联网企业的技术研发类岗位包括前端开发、后端开发、移动端开发、大数据开发、项目管理、测试、运维、技术管理等八大类。简单来说，互联网企业的技术研发工作就是把企业设计好的产品原型变成真实的产品，具体工作包括架构设计、模块设计、承接各类需求、撰写代码、调试 bug、做测试、做运维，以及硬件开发、结构设计、大数据处理等。

企业技术研发工作的常见问题有：由于技术研发人员的工作方式是项目制，他们需要全身心投入项目研发中，因此距离用户较远，很少站在用户的角度去思考问题；技术的标准化工作相对粗放，CBB 的建设和应用容易被忽视；项目管理较为粗放，存在延迟问题；项目质量管理过分依靠测试，缺少过程质量管理等。同时，随着科学技术的快速发展，技术开发和程序开发越来越模块化、标准化、组件化，未来基础的代码编写可能会被人工智能替代，因此，企业真正需要的是具有学习力和创造力的技术研发人员。

技术研发人员的常见绩效指标包括项目按时完成率、返工次数、问题关闭（解决）率 / 数、bug 数、测试一次性通过率、上线一次性成功率等，也有的企业会对技术研发人员的项目工时投入进行考核，这需要企业有完善的项目计划和较强的人工预算管理能力。

6.4.3　设计类岗位人员的绩效指标设计

互联网公司有很多设计类岗位，包括 UI（用户界面）设计、交互设计、体验设计、视觉设计、用户研究等。设计类岗位人员（以下统称设计人员）需要设计出符合操作逻辑的美观的界面，给用户带来良好的体验，让用户能够快速、轻松、愉悦地解决问题。现在不少互联网企业把体验、界面、视觉设计人员统称为用户体验设计师。

随着设计经验与知识的积累，网页设计、App 设计已逐渐成熟和标准化，设计人员的工作精力会更多地投入智能硬件的设计中，如 VR（虚拟现实技术）的人机交互方式设计等。

互联网企业设计人员的工作很难量化，也很难衡量。例如，针对某个设计作品，有人说好，也有人说不好，应该由谁来评价，又如何评价呢？此类问题在互联网企业设计人员的绩效管理中较为常见，解决思路是围绕用户 / 客户导向设计绩效指标，简单来说就是"产品设计出来给谁用，就由谁来评价"。企业可以先选择 5~7 个用户，形成用户评价小组；接着确定评价维度，如"设计合乎逻辑""使用简单""界面美观"等；然后明确每个维度的评分标准，如 1 到 10 分，请用户对每个维度进行打分；最后将分数加总，就是用户体验评分。除此之外，设计人员的绩效指标还有设计按时完成率、返工次数、测试一次性通过率等。

6.4.4　运营类岗位人员的绩效指标设计

运营是从产品推向市场到实现商业化策略，并维持产品良性运转的过程。

运营工作的主要目的是让企业最终实现盈利或者具备盈利的条件。广义的运营包括市场推广、商户合作、产品运营、平台服务、商业策略、流量变现等；狭义的运营包括内容运营、活动运营、用户运营、数据分析和用户关系（客服）维护等。常见的运营类岗位包括内容／产品运营，数据、用户运营，活动、商家运营，品类、游戏运营，网络推广网店运营，运营专员、编辑，新媒体运营，海外运营等。

运营类所有岗位人员都是围绕拉新、留存、促活、转化这四点开展工作的：拉新是指吸引新的用户；留存是指提升用户的黏性，减少用户流失；促活是指提升用户的活跃度，增加用户单位时间内使用产品的次数和时间；转化是指将用户变成客户，这里要设定一个比率，转化工作就是尽可能提升这个比率。具体来说，运营类岗位的工作内容包括提供工具、生产内容或提供服务，通过市场、渠道推广等方式吸引用户；分析用户的行为数据，制定运营策略，提升用户满意度，提高用户黏性或者转介绍的可能性；从免费用户中寻找付费用户，将免费用户转化为付费用户；提高用户的付费次数和金额等。

这里要注意一点，互联网运营开展的拉新、留存、促活，最后都是为了转化，转化才是实现收入的关键环节。转化是一个过程，也是一系列动作的组合，其中每个过程环节都有流失，也都有转化率。图 6-2 是以电商为例做的转化流程图。

现在产品同质化越来越严重，大部分的互联网企业最后都要拼运营。虽然好的产品可以自带流量，但也会被糟糕的运营毁掉。因此，对于互联网企业来说，好产品和好运营缺一不可。互联网运营需要很大的投入，但不能简单理解为"砸钱"，仅靠砸钱是不能留住用户和改变市场格局的，反而会加速效益递

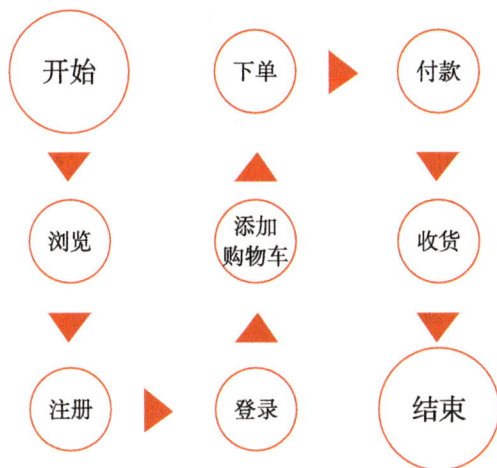

图 6-2　电商的转化流程图示例

减。对于互联网企业来说，砸钱不难，难的是成本收益核算，是目标的达成。补贴也好，发红包也好，其只是互联网整个运营闭环中的一个节点，仅能为运营加把火，并不能真正助力企业达成目标。

阿里巴巴公司的运营工作做得很成功，综合起来有五大特点：一是买家和卖家兼顾，"有买有卖"才能称之为平台，因此买家和卖家缺一不可；二是重视运营团队建设，整个运营团队思想统一，组织紧密，执行力强；三是专注于提升 ROI（投资回报率），公司以提升运营的 ROI 为出发点，重视数据建设、数据分析；四是通过"人造节日"刺激消费，如"双十一"购物节；五是增加用户在线时长，通过视频、直播、评论、追评等各种方式将用户留在线上，以提升转化率。具体如图 6-3 所示。

买家和卖家
兼顾

增加用户   重视运营
在线时长   运营   团队建设

通过"人造节日"   专注于
刺激消费   提升 ROI

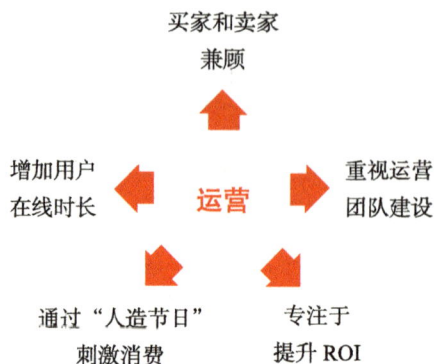

图 6-3   阿里巴巴公司运营的五大特点

　　运营类岗位的绩效指标是真正用数据说话的"硬"指标，运营数据的收集、分析和决策能力，是企业运营能力的重要体现。运营类岗位的绩效指标除了财务类指标（如收入，利润等），还有很多其他的指标，如全站、各频道或重点页面的访问量、独立访客数、日活跃用户数（DAU）、月活跃用户数（MAU）、第一日留存率（即当天新增的用户中有多少人第二天还会登录，也有企业会考察第三日留存率、第七日留存率、第三十日留存率等）、每天每个用户登录次数及用户内容贡献数量等。

第7章　科技企业的绩效管理——以芯片企业为例

科技企业是指产品技术含量高，研发能力强且能不断研发出适销对路的科技产品的企业，包括半导体、人工智能、生物科技、新材料、新能源等科技领域的产品开发和应用企业。本章主要以芯片企业（Fabless 模式，即专注于设计，无制造业务）为例介绍科技企业的绩效管理。

7.1　芯片企业成功的五大关键因素

据统计，目前我国芯片企业已超过 60 万家，大量的资金被投入这个领域中。同时，近五年累计超过 8 万家芯片企业倒闭。如何在这个领域活下来，并且有更好的发展，是芯片企业首要面对的问题。根据我们团队多年的观察和探究，以及为多家芯片企业提供咨询服务的经验，我们认为芯片企业的成功有以下五大关键因素。

第一，战略上要聚焦。初创芯片企业的资金和资源都是非常有限的，不适

171

合一开始就多赛道、多产品同时推进，否则会浪费大量的人力和物力，产品还做不好，失败的风险很高，而真到危机来临时，再做减法就来不及了。初创芯片企业需要聚焦一个赛道、一两款产品，先把这一两款产品研发好，成功流片（试生产）、顺利量产，做出销量，然后在此基础上迭代升级。

那么，企业应如何选择产品呢？对此企业常犯两类错误：一是好高骛远，一开始就要做最新的，最领先的产品；二是自己做市场调研，花费巨大的人力、物力和时间也没搞清楚市场究竟有多大。企业好高骛远会导致产品定义不清楚，从而给产品研发造成巨大困扰，这样研发多半会半途而废；企业自己做市场调研费时费力，并且调研数据的真实性存疑，企业很难在短时间内研发出好的产品。很多成功的芯片企业最初会选择 CTC 战略，简单来说就是看目前赛道中销售最好的产品是什么，未来两到三年哪类产品最有市场，然后将这些产品作为自身产品的标杆，以此确定产品研发方向。

第二，重视研发管理。选择 CTC 战略的企业，可以参照标杆产品对自身产品进行定义。初创芯片企业研发上最大的问题是研发项目管理粗放，为了进度而忽视质量管理，特别是过程质量。在产品研发过程中，如果企业未及时发现和解决质量问题，很可能会造成流片失败，从而给企业带来巨大损失，包括流片成本、时间成本、融资成本损失，以及市场机遇损失等。若流片反复失败，还会严重打击研发团队士气。芯片企业应把研发过程的模块和结构进行标准化，以便于后续产品开发，一旦产品流片失败，可以通过检查和测试定位问题。

第三，组建贴近客户的应用团队。芯片企业应组建一支高素质并且能贴近客户的应用团队，成员为应用工程师（AE）和现场应用工程师（FAE）等。

研发团队要紧盯市场和客户需求，为客户创造价值，成为客户应用和客户应用服务方面的专家，同时要深入到客户应用现场帮助客户解决问题。

第四，做好客户开发工作。 芯片企业在创建初期要做好客户开发工作，即使产品还没有研发完成，企业也要多拜访客户，通过客户拜访了解市场，了解竞品。在开发和拜访客户的过程中，企业要逐步形成标准话术，为产品销售和市场拓展打下坚实基础，同时要做好客户拜访复盘工作。

第五，引进优秀的人才。 芯片企业属于智力和资本密集型产业，人才是芯片企业的根本。芯片企业的人才宜精不宜多，不能采用人海战术，企业不需要能做的人，而是需要能做好和做精的人。因此，芯片企业要制定科学的人才引进计划，并通过薪酬激励、晋升激励等组合激励的方式留住优秀人才。

7.2 芯片企业各部门的绩效指标设计

芯片企业的主要部门有研发部、销售部、供应链部、质量部以及其他职能部门等，下面主要介绍研发部、销售部、供应链部、质量部的绩效指标设计要点。

研发部 是芯片企业的核心部门，其核心工作是高效研发出新产品，因此研发效率应作为研发部绩效考核的核心指标。研发效率主要体现在研发的项目进度上，芯片研发一般周期较长，可能会长于绩效管理的周期，因此企业在设计研发人员的绩效指标时，要多考虑研发项目的里程碑节点，如将指标设定为按时完成率等。当然，这类绩效指标设计的前提和基础是企业要有科学、完善的研发项目计划管理制度，严格按照研发项目计划对研发人员进行绩效考核。除此之外，研发部的绩效指标还包含研发质量方面的指标，如质量问题解决率、CBB 建设和专利数量等。

销售部是芯片企业的重要部门。芯片企业的销售多数是通过代理商进行的，因此销售部的首要工作是代理商开发，并协助代理商为直接用户送样测试，设计应用方案等，然后逐步小批量、大批量供货。因此，企业在不同阶段对销售部的要求是不一样的，前期重在代理商开发和直接客户送样，后期重在应用方案设计和扩大销量。

供应链部在芯片企业中是枢纽部门，其上接研发，下接供应商，协调晶圆厂，同时要做好客户服务工作，确保客户能够按时且保质、保量地拿到产品。除此之外，供应链部还要确保企业的库存保持在一个合理的区间。因此，准时交货率是供应链部的核心绩效指标，其次是产品质量、客户投诉率、库存合理性等。

质量部也是芯片企业的重要部门，主要工作既包括各种质量体系的建设、执行和评审工作，也包括日常的质量检查和质量管理工作。芯片企业质量部的主要绩效指标有各类质量体系评审的等级、客户的质量投诉率、研发过程的质量检查情况和质量问题的关闭率等。

7.3　实战案例：芯片企业咨询回访记

2022 年的年底，我和我的团队受邀为长三角地区的一家芯片企业提供战略绩效管理咨询，即为该企业量身定制战略绩效管理体系，并辅导企业落地实施。

这家芯片企业于 2023 年 1 月开始正式落地实施战略绩效管理，到 4 月初为一个完整的周期。那么，这个周期的实施情况如何？有哪些成绩和不足，接下来如何改进呢？带着这些疑问，我们的咨询师团队及时回访了这家芯片企业，在回访过程中，咨询师团队指导了企业的一季度复盘和二季度的绩效目标制定工作，同时也与该芯片企业的董事长、营销总监、研发总监、人事行政总监等核心高管进行了深入交流，董事长用一句话概括了该企业实施战略绩效管理以来的变化："战略绩效管理激活了团队。"

该企业实施战略绩效管理后，在以下几方面变化明显。

（1）打破了"部门墙"，企业整体管理效率有了明显提高。

在实施战略绩效管理前，该企业内部一直在"是以客户为中心，还是以产品为中心"上争论不休，并且存在"部门墙"严重，部门各自为政的情况。实施战略绩效管理后，该企业上下围绕"以客户为中心"力出一孔，持续为客户创造价值，一季度销售业绩同比增长了 68%。

以前该企业的经营重担由董事长一人挑，其对每个部门的工作都盯得很紧，压力非常大，最后搞得自己很累不说，中层干部还多有怨言，觉得董事长管得太多、太紧，自己没有发挥才能的空间。而通过战略绩效管理落地实施，企业做到了"千斤重担众人挑，人人肩上有指标"，不但很好地分配了责任重担，减轻了董事长的压力，还给了中层干部充分发挥才能的空间。

各部门有了自己的目标后，可正常推进工作，董事长只需要按照规定动作定期跟踪目标的完成进度，针对"坏点"给予相应辅导和帮助。这种情形下，各部门负责人可充分发挥才能，干劲更足，成就感也更强。

该企业董事长表示，现在有时间向优秀的企业与企业家学习，不断汲取经验，让企业将来少走弯路；也有时间思考企业的战略和重要事项，多拜访重要客户，把握客户需求的大方向。董事长还表示，刚开始实施战略绩效管理时会担心管理周期变长，企业内部会失控，出问题，现在看来这个担心是多余的。

（2）加强现场应用工程师团队管理，使其助力企业销售与研发。

芯片企业都有现场应用工程师团队，现场应用工程师在芯片企业中具有重要地位，他们一边连接技术，一边连接销售/客户，起到枢纽作用。该企业刚开始在讨论现场应用工程师团队的任务目标时，团队人员表现出了惧怕承担责任的倾向，后来经过反复讨论，最终将一季度的任务目标确定为"深入客户应用场景，帮助客户一起设计应用方案"。这一目标引导现场应用工程师成为客户的应用顾问和专家，他们在助力企业销售业绩快速增长的同时，也在执行任务过程中收获了满满的成就感和价值感。

真可谓"有作为才有地位"，该企业的现场应用工程师团队以前在企业中只是辅助角色，主要辅助销售，现在成了销售和研发人员眼中的"红人"。销售人员需要现场应用工程师帮助他们销售更多产品，而研发人员需要了解市场，他们希望现场应用工程师能帮忙引荐客户，一起深入洞悉客户的需求。

（3）加强研发项目管理，实现研发与销售协同作战。

以前研发项目存在延迟现象，研发过程中返工和重做的情况较多，研发团队有挫败感，研发与销售团队也矛盾重重。造成这种局面，其中有产品定义的问题，也有研发项目管理粗放、标准化和 CBB 共通性建构缺失、知识管理不到位及项目质量管理粗放等问题。实施战略绩效管理后，企业明确了研发进度管理、标准化和 CBB 共通性建构管理、知识管理及质量管理等目标，研发项目进度及质量逐步得到了保证。同时，企业建立了研发和销售的定期联系机制，这使得研发人员能够对市场需求快速做出反应，并根据市场与客户需求迭代推出新产品。新产品推出后很受客户欢迎，很多客户主动上门与企业洽谈、预约测试，合作意向强烈。销售部与研发部也尝到了通过合作与协同为客户创造价值的快乐！

除了以上变化，该企业实施战略绩效管理后，供应链团队的工作效率与质量也有了明显提升，以前的供应链团队不仅不愿意配合销售，还一直要求销售配合他们的工作，现在的供应链团队与销售团队配合密切，为了达成企业的战略目标而共同努力。

第 8 章　绩效管控机制与激励机制的设计

8.1　绩效管控机制设计

我国的绩效管控机制最早可追溯到明朝万历年间，由当时的宰相张居正提出，并推广至全国。具体内容是吏部、户部、礼部、兵部、刑部、工部这六部和都察院对所属官员应办的事情设定期限，并分别登记在三本账簿上，一本由六部和都察院留作底册，另一本送六科（专门负责监督牵制六部的机构），最后一本呈送内阁。六部和都察院按账簿登记，逐月进行检查，完成一件登记一件，没完成要如实申报，否则将受到处罚。六科每半年要求六部上报一次执行情况，没有上报的会受到处罚，同时内阁也会对六科的工作进行核查。这套机制有效实现了执行、管理和纠偏，也为考评提供了充分的依据，起到了非常好的管理效果。

8.1.1　何为绩效管控机制

绩效管控机制是指企业在绩效实施的过程中通过绩效检查、绩效会议、绩效反馈和绩效辅导，及时发现并解决各类问题，通过管控确保绩效执行的过程不跑偏，或者跑偏后能及时修正，最终确保企业战略目标的达成。

（1）绩效检查

绩效检查主要指**"三个检查"**，即上司检查、组织检查和专业检查。

上司检查是指上司定时检查下属的任务完成、计划推进和目标达成等情况。很多企业管理者对自己下属的工作不够熟悉，这是做不好管理工作的。优秀的企业不但要求管理者熟悉自己下属的工作，还要求其了解"下属的下属"的工作进度，"下属的下属"也被称为"N+1"的下属。

组织检查是指战略绩效管理的组织部门对各个部门的绩效管理执行情况进行检查。组织部门可以是战略发展部，也可以是办公室或人力资源部等。组织检查多数通过抽查的方式进行，一般要求一个绩效周期内对主要部门抽查一次。

专业检查是指企业内部的专业部门进行的专业检查，如质量部、财务部、人力资源部等部门就各自负责的专业工作在其他部门的开展情况进行横向检查。例如，财务部负责检查各部门的财务收支情况，以及财务政策在各部门的执行情况；人力资源部负责检查各部门的人才选、用、育、留情况，以及人力资源政策在各部门的执行情况等。专业检查后，负责检查的部门要形成专业报告，如人力资源部形成人力资源月报，质量部形成质量月报等。

上司检查、组织检查和专业检查三者相结合，可以在企业内部形成一个较为完善的"纵向检查＋横向抽查"的绩效管控机制，这样既能保证上司了解下属的工作，也能保证各部门相关工作任务的落实，避免处于该管控机制下的员工"跑偏""犯错""做假"。

总体来说，绩效检查主要检查绩效目标的达成情况，以及为完成绩效目标所计划的重要事项的推进情况。同时，绩效检查要定时开展，目的是让企业全员养成及时纠偏、及时修正的好习惯，并将这种习惯融入企业文化。我和我的团队深入研究过定时检查和不定时检查的差别，定时检查无论有没有写下来，都属于"法制"，容易让人形成习惯；不定时检查则属于典型的"人治"，简单来说就是上司想检查就检查，不想检查就不检查，这样的检查到最后很可能变成"不检查"。

（2）绩效会议

绩效会议主要指**"两个会议"**，即企业层面的经营分析会和团队层面的绩效对话会。绩效会议主要围绕绩效目标和计划展开，不谈虚的。企业召开绩效会议的主要目的是发现阻碍绩效目标达成的问题，并制定相应的解决方案或改善措施。改善措施要分解到人、规定完成时间，同时要进行追踪，"一追到底"直至完成，形成闭环。

企业层面的经营分析会一般每月召开一次，团队层面的绩效对话会一般每周召开一次，目的都是公开各部门的绩效目标完成情况和工作计划推进情况，明确执行过程中的问题并督促解决，协调部门间的资源等。

很多企业的绩效会议都存在一些问题，如下属报流水账，上司说教一通，没有会议纪要，也没有问题清单，更没有给出问题解决措施。这样的绩效会议其实是在浪费时间。企业要想让绩效会议更高效，可以参考以下五步法：

第一步，每个部门/人汇报自己的绩效目标及计划完成情况；

第二步，考评人对被考评人的绩效目标及计划完成情况进行点评；

第三步，考评人与被考评人对问题点进行分析，并形成问题与改善措施清单；

第四步，会上对改善措施进行分工及落实，明确责任人和完成时间，并形成会议纪要；

第五步，会议纪要及问题与改善措施清单需抄送战略绩效管理组织部门，由战略绩效管理组织部门负责跟踪管理，形成闭环。

绩效会议结束后，企业应形成绩效精进表，列明绩效会议上确定的问题改善措施及分工、完成时限、责任人、验收人等，然后由战略绩效管理组织部门跟进执行情况。表 8-1 是绩效精进表示例，可供大家参考。

表 8-1　绩效精进表示例

序号	部门	内容	完成时限	责任人	验收人	完成情况
1	采购部	实施 BOM 互检机制	一周内			
		和生产部核对后期采购计划	一周内			
		未收到计量互感器的校验单，请销售人员配合催收	一周内			
2	生产部	流程管控优化和提升	5 月 25 日前			
3	质量部	分三组执行任务	一周内			
		终检一部分项目提前操作	一周内			
		拿出过程检查方案	一周内			
4	行政部	明确各部门操作规范	一个月内			
5	财务部	加强应收账款催收	一周内			
6	销售部	统计一季度销售完成情况	一周内			
		改进交货问题	一周内			

（3）绩效反馈

绩效反馈是指企业管理者将绩效管控过程中发现的问题和待改进的地方，以合适的方式告诉员工。绩效反馈是企业日常绩效管理的重要手段，谷歌公司在 2022 年 5 月进行了绩效管理变革升级，简称 GRAD（Googler reviews and development，谷歌员工评价与发展），其核心内容就是加大绩效检查和绩效反馈工作在绩效管理中的比重，为了让员工与管理层在重点目标和工作上对齐，企业全年都会安排绩效检查和绩效反馈。

欧洲著名管理学家亨利·法约尔（Henri Fayol）也认为绩效反馈在绩效管理中是非常重要的。法约尔 19 岁就进入一家矿业公司做工程师，后来在公司濒临破产时被任命为总经理，在他的带领下，公司改组获得了巨大的成功。直到法约尔退休前，公司的财务状况已良好。他曾做过一个著名的实验：他把 20 名技术水平相当的工人平均分成两组，让他们在同样的条件下同时工作。每隔一段时间，他就去检查一下工人们的工作成果。对第一组工人，负责人只把他们的工作成果，即生产的产品数量记录下来，但是没有反馈给工人。对第二组工人，负责人不仅记录了工人的生产数量，还向工人说明了生产效率和质量情况。第二组负责人会在生产速度最快的两个工人的机器上各插一面小红旗，在生产速度居中的四个工人的机器上各插一面小绿旗，在生产速度最慢的四个工人的机器上各插一面小黄旗，这样一来，每个工人对自己的生产效率和质量一目了然。实验表明，第二组工人的生产效率和质量明显高于第一组工人。可见，绩效反馈是能够创造价值的，绩效反馈不仅能帮助员工明确工作状况、确定努力方向，更能激励员工士气，促进员工工作效率的提升。

（4）绩效辅导

绩效辅导是指企业管理者通过辅导来提升员工的能力，在帮助员工成长的同时，让员工达成绩效目标。简单来说，绩效辅导是管理者指导和激发员工，帮助员工达成绩效目标的必要过程。

绩效辅导主要分为定期辅导和日常辅导。**定期辅导**是较为正式的辅导，是指管理者定期和员工进行绩效回顾，对员工的工作进行诊断和辅导，记录员工的绩效事实、案例和数据，并提出改进建议、提供资源支持，帮助员工保持正确的工作方向。**日常辅导**是非正式的辅导，是指在绩效执行过程中，管理者针对员工工作中存在的工作方法和态度等问题进行及时辅导，包括知识传授、技巧辅导、资源支持等。

8.1.2　绩效管控机制的价值

我们都知道飞机有固定的航线，一旦偏离航线就会被警告，这时飞行员会及时干预，进行航向修正，这就是过程管控动作。同样，企业战略绩效管理的实施过程也需要管控动作来确保执行方向不偏离。

IBM 公司前总裁郭士纳曾说：**"人们不会做你希望的，只会做你检查的，你强调什么就要检查什么，你不检查就等于不重视。"** 没有人强调和检查的工作，员工可能不会在意，他们会觉得这些工作可有可无，因此不会花费精力去认真完成。绩效检查与绩效考核是企业绩效管理的重要手段，科学、合理的绩效检查与绩效考核有助于提升员工的执行力。

实务中，如果企业只开展绩效检查而没有绩效考核，绩效检查就会缺乏力度，员工会认为绩效检查只是走走"过场"，从而应付了事；相反，如果企业能够认真开展绩效检查，并根据检查情况和规则对员工及时进行奖励或惩罚，那么员工就会认真对待这项工作。

只开展绩效考核但不做绩效检查，这是目前很多企业都存在的问题。绩效检查是绩效考核的基础，为绩效考核提供信息和数据，也为绩效考核的公平和公正提供事实依据。如果没有绩效检查，绩效考核也就失去了信息、数据和事实依据，企业绩效管理就变成了简单粗放的绩效考核。

总体来说，没有绩效管控机制，企业就无法及时发现战略方向与目标的偏离，也不能采取必要措施进行干预和纠偏，这种情况下，企业很难保持战略定力。**战略绩效管理如果缺少绩效管控机制，会丧失 80% 的管理功能，从而变成绩效考核**。没有绩效管控机制，企业会出现"一管就死，一放就乱"的管理松紧失度的现象，也会出现不该管的乱管，该管的不管等现象，这样的战略绩效管理对企业来说是无用的。因此可以说，制定科学、有效的绩效管控机制对企业来说是非常必要的，它能确保战略绩效管理和企业的实际工作完美契合，从而真正促进企业的业务发展、管理改进和战略目标的达成。

8.1.3　实战案例 1：万科公司的绩效管控机制

万科公司能够一直较为稳健、持续、健康的经营，很大程度上归功于万科管理团队原创的**"1363"**管控机制，即"一个月一次的月度例会，未来三个月的经营安排，未来六个季度的滚动经营计划，未来三年的事业计划书"，具体如下所述。

"1"是指在公司总部召开的每月一次的月度经营分析会，公司总部、地区公司、一线公司的负责人都要参加，大家要在会上汇总、分析、共享市场环境与经营情况，总结上个月各公司的业务质量，寻找和分析存在的各类问题，并讨论为什么会出现这些问题，形成教训；业绩好的地区公司或一线公司负责人要介绍和分享成功经验，公司总部也会在会上给地区公司、一线公司负责人提一些要求。

"3"是指公司每次的月度经营分析会要修正和调整公司未来一个季度（三个月）的经营安排，即相关负责人要根据上月发生的宏观环境变化、政策环境变化以及切切实实落在市场上的变化，对公司未来三个月的经营安排进行修正和调整。通过每次月度经营分析会上滚动实施的"1"和"3"，公司能够及时发现和分析内部经营与外部环境的偏差并做出修正；对于公司经营中的各类问题，包括萌芽状态下的问题，基本可以做到及时发现、及时解决，确保公司经营实时可控、能控和在控，不出现重大经营风险，保障了公司的稳健和持续健康发展。

"6"是指季度工作会议要做好未来一年半（六个季度）的滚动经营计划，并且每季度修订一次，如 2023 年第三季度工作会议，要做好 2023 年第四季度到 2025 年第一季度即长达一年半时间跨度的工作安排；到 2023 年第四季度工作会议时，再做好 2024 年第一季度到 2025 年第二季度的经营计划，依次类推向前滚动。这样既保证了经营计划的前瞻性，也保证了公司经营团队"向前看路，不迷路"，这就是战略管理上的"心胜"，把未来要走的路先在心里走一遍。该公司经营团队从 2023 年第三季度工作会就开始预演 2025 年第一季度的经营工作，2023 年第四季度工作会再预演一遍，一直到 2024 年第四季度工作会预演最后一遍，整个下来，经营团队要在心里和纸面上把 2025 年第一季度的经营工作预演五六遍，早已成竹在胸，只要经营团队严格执行工作计划，必然会成功。

"3"是指每个地区公司和一线公司未来三年的战略规划。公司一般会在每年 9 月左右启动这项工作，然后在年度工作会议上做出汇报和检讨。三年规划每年都要滚动修订，以确保经营团队"抬头看天"，及时对地区公司和一线公司未来三年的宏观环境和行业环境做出分析与预测。

万科公司的"1363"管控机制对公司三年的战略规划、六个季度的经营计划，三个月的经营安排，月度的回顾分析做了系统的安排。首先，滚动修订的三年战略规划确保了战略的正确性和连续性；六个季度的经营计划确保了战略的落实；三个月的经营安排确保了经营计划能转化为地区公司和一线公司的经营行动，实现了化战略为行动；每个月的经营分析让公司能够及时发现并解决问题，确保了公司的战略定力，让公司不在别人疯狂的时候跟着疯狂，始终保持自己的节奏，步调不乱，方向不偏，稳健、持续和健康经营。

通过"1363"管控机制，万科公司不断检视过去的经营业绩及遇到的问题，同时展望未来的发展大势。正所谓回顾一步，计划三步，规划一年半，展望三年，万科公司在循环往复中不断向前发展。

8.1.4　实战案例 2：阿里巴巴公司的绩效管控机制

　　阿里巴巴公司是国内开展绩效管理非常成功的企业之一。阿里巴巴公司的绩效管控机制也独具特色，该公司绩效管控机制的核心是"review"，可以理解为绩效回顾、绩效检查、绩效反馈、绩效面谈等。虽然"review"只是绩效沟通的一个工具，但阿里巴巴公司把它用到了极致，公司认为管理者做"review"不能想着一蹴而就，而是要反复做，迭代做。

　　阿里巴巴公司的"review"有多种形式，如个人"review"、业务"review"、群"review"、跨级"review"等，执行完"review"后，管理者要根据结果进行奖罚，从而形成一个完整的管理闭环。无论哪一种形式的"review"，核心宗旨都是帮助员工成长且达成绩效目标。以月度个人"review"即一对一单独绩效面谈为例，被约谈的人在绩效面谈结束当天，要以邮件形式把双方谈话的要点、主要问题和改进计划整理好发送给部门管理者，同时抄送人力资源管理人员（HRBP，人力资源业务合作伙伴）。部门管理者对邮件中的绩效面谈要点及改进计划进行确认，确认无误后存档，并跟进后续工作，这些工作内容要体现在部门管理者的工作周报中。HRBP 则根据收到的邮件制定员工的个人成长档案。在整个绩效面谈工作中，HRBP 负责前期推动，部门管理者负责后期执行，HRBP 再通过抽查和督促等手段，确保绩效面谈工作落地。

　　在"review"过程中，员工之间可以相互学习、启发，管理者们则通过这种互动关系，适时地给予现场辅导，最终促进个人和组织共同成长。阿里巴巴公司把"review"的目的总结为两个层面：一是盯目标，追过程，拿结果；二是照镜子，给反馈，助成长。第一个层面解决组织目标实现的问题，第二个层面解决管理者和员工成长的问题。"review"可以帮助管理者自省，它不仅是管理工作的重要抓手，也是管理者自己"揪头发""照镜子""闻味道"的工具，能让管理者进行自我反思。

阿里巴巴公司为什么如此重视并坚决开展过程管控呢？阿里巴巴公司认为，如果没有过程管控，公司会存在如下问题：

（1）业绩目标的达成没有抓手；

（2）成功了不知道为什么会成功，也不能总结和萃取经验，无法在未来或在其他区域、团队中复制成功；

（3）失败了不知道为什么会失败，不能吸取教训，未来也就无法规避失败；

（4）无法有效培养和发展人才队伍；

（5）不能及时发现问题或调动资源解决问题。

阿里巴巴公司认为过程管控是绩效管理不可或缺的关键环节，过程管控不是上级对下属工作的简单监视与部署，公司执行过程管控的目的不是对员工的行为进行严格控制，而是协助员工解决工作中的困难和问题，帮助员工在执行任务的过程中不跑偏，从而按时、保质、保量地完成任务目标。

阿里巴巴公司的过程管控有三个要点：一是锁定关键节点，问思路、问路径、问进展、提建议、做辅导；二是因人而异，因材施教，不僵化；三是建立反馈机制，如要求相关部门提交日报、周报、月报等。公司要求管理者多走动、多观察、少干预、适时提醒，苛求于过程，但要释怀结果。例如，某销售团队设定了一个月拜访客户 220 次的总目标，那就把这个总目标分解到 22 天（工作日），每天是 10 次客户拜访。这时团队不用总盯着 220 次客户拜访的总目标，而是要盯这个"10 次"，每天保证去完成。再如，一位销售人员的月业绩目标是 100 万元，根据经验计算，其需要跑 100家客户，这时销售人员不用总盯着这 100 家客户，而是要计划好每天自己跑多少家客户，一周要跑多少家，把总体任务从月到周再到天进行拆解。

　　总体来说，通过"review"，阿里巴巴公司做到了切实、有效地赋能员工与管理者成长。因此，"review"在阿里巴巴公司也被定义为帮助员工和管理者成长，确保组织实现目标的一种重要机制。

8.2　绩效激励机制设计

　　对于战略绩效管理体系的"一个中心，三种机制"，我们可以用一句话来简单概括：要什么，考什么，怎么考，考完之后怎么办。战略是要什么，目标责任机制是考什么，管控机制是怎么考，激励机制则是考完之后怎么办。当然，考完之后除了兑现激励，企业还要做好复盘和改进等工作。

8.2.1　绩效激励机制的核心内容

绩效激励机制是战略绩效管理的重要内容，激励机制重点解决组织、团队和个人的士气与意愿问题。绩效激励机制的核心内容分为两类：一类是内在激励，另一类是外在激励。

内在激励是指工作本身带给人们的成就感、价值感、满足感或愉悦感。例如，你服务了客户，帮助客户解决了一个长期困扰他们的问题，得到了客户的肯定，你就会有成就感；当你打扫完卫生，看到干净整洁的房间后，心底会升起愉悦感；等等。内在激励具有持久性，而且与日常工作紧密相连。内在激励的设计可以从企业使命、愿景入手，让员工认同企业存在的价值；也可以从员工日常工作的价值提炼入手，让员工体会到他们正在做的事情是有价值的；还可以从提升工作的趣味性入手，让员工在工作过程中感到愉悦和开心。当然，企业要想做好员工的内在激励，最关键的是要提升企业管理者的领导力。

外在激励是指所有跟钱或物质有关的激励，外在激励包括加薪、奖金、股票、分红、专项奖励、职位晋升等。外在激励又分为正向激励和负向激励：正向激励如加薪、专项奖励、职位晋升等令人愉悦的激励；负向激励如惩罚、降级等令人不悦的激励。

8.2.2　绩效激励机制的价值体现

战国时期著名思想家韩非子曾提出奖罚是管理者的"二柄"，奖罚做得好，群心有向，向上有序，心有敬畏，活力四射；奖罚做得不当，军心涣散，拉帮结派，内耗不断。简单来说，就是奖励和惩罚是管理者的两个管理抓手，奖励和惩罚做得好，团队向心力强，有激情，员工心存敬畏和感激，团队活力四射；奖励和惩罚做得不好，团队就会人心涣散，经常出现拉帮结派的情况，导致团队内耗巨大。

从人性上讲，当人们的某项行为获得肯定或奖励时，人们会更愿意重复这项行为。也就是说，企业希望员工有什么样的行为，最好的办法是肯定、鼓励、表彰和奖励这样的行为；若企业不希望员工有什么样的行为，就需要批评、惩罚这样的行为。例如，企业希望员工达成业绩目标，最好的办法就是与绩效考核挂钩，进行绩效激励。

激励的核心是有条件地满足员工的需求。企业在设计绩效激励机制时，应考虑如何将企业的利益与员工的利益进行捆绑。企业的利益无疑是发展和盈利，员工的利益则是高收入和个人的快速成长，无论是企业的利益还是员工的利益，都需要依靠科学的战略绩效管理来实现。

杰克·韦尔奇认为绩效管理和"区分"是建设一个伟大组织的全部秘密。所谓"区分"，就是根据绩效考核结果的不同，对不同的员工采取不同的奖惩政策，它也被称为"活力曲线""ABC 管理"等。为便于大家理解，下文称为绩效区分。具体如表 8-2 所示。

表 8-2　绩效区分

类别	比例	奖惩政策
A	20%	加薪和重奖
B	70%	培训和提高目标
C	10%	淘汰

从上表可以看出，绩效区分是根据绩效考核结果的不同，把员工分为A、B、C三类，A类员工为绩效考核结果最好的，约占员工总数的20%；B类员工为绩效考核结果一般的，约占员工总数的70%；C类员工为绩效考核结果较差的，约占员工总数的10%。

对于A类员工，公司应给予加薪和重奖，因为他们为公司创造了巨大价值。重奖A类员工，一来可以激励A类员工为公司创造更多价值；二来可以起到示范作用，让其他员工看到只要达到和A类员工一样的业绩，就能获得重奖。有些企业管理者认为，针对A类员工最好的奖励是晋升，一旦员工绩效好，就考虑让员工升职，如从一线销售人员晋升为销售主管。其实，这样的考虑不够全面，职位晋升不能只看员工的绩效，尤其是向管理岗位晋升，还要考虑员工的综合素质、个人性格特点及职业发展意愿等。

对于B类员工，企业可通过提供针对性培训和为其制定高目标进行分化。从表8-2中可以看出，B类员工占企业员工总数的比例很大，如企业有100人，B类员工就有70人。这些员工的精神面貌能体现出整个企业的精神面貌，B类员工只要多付出一些努力，就能变成A类员工，而只要稍稍懈怠，就可能变成C类员工。通常来说，B类员工基本具备成为A类员工的潜力，对于B类员工，企业要进行针对性的培训和指导，帮助他们解决问题，同时给他们设定较高的绩效目标，以激发他们的潜力。

对于C类员工，必要时应予以淘汰。这看似很无情，实则对企业及员工都是有益的。C类员工并非不优秀，个人能力也不一定差，这类员工工作业绩不好，绩效考核结果总是很差的主要原因，可能是企业这个平台和工作环境确实不适合他们，不能发挥出他们的优势和长处，换个平台也许更适合其个人发展。杰克·韦尔奇认为让 C 类员工离开是"残忍的温柔"，看起来挺残忍，实际上对他们的个人成长和职业发展有非常大的帮助。

绩效管理和"区分"之所以被杰克·韦尔奇称之为建设一个伟大组织的全部秘密，是因为其具有以下四大优势。

（1）实施绩效管理和"区分"等于是在企业建立了以绩效为基准的人才（A 类员工）培养机制，让企业人才不断涌现。

（2）在企业建立了良好的"分钱"机制，重奖业绩优秀的人，淘汰业绩差的人，避免了"大锅饭"，能够对员工起到很好的激励作用。

（3）让企业充满活力。企业实施绩效管理和"区分"后，A 类员工要努力维持甚至突破自己的业绩；B 类员工工作不能懈怠，要努力晋升到 A 类，最起码不能被区分到 C 类。为了不被区分到下一级，也为了不被淘汰，员工都会努力工作，这就使整个企业充满了活力。

（4）能够持续提升企业的业务水平。由于淘汰了 C 类员工，企业内部会形成良性的人员流动，留下来的员工都是能够适应企业的业务发展速度和工作环境的，这对于企业业务水平的提升是非常有利的。

8.2.3 绩效激励机制的设计原则

企业绩效激励机制设计应遵循以下七大原则。

原则一，差距合理。绩效激励的直接表现形式是薪酬差距，薪酬差距合理且依据充分才能真正起到激励作用。

原则二，企业绩效、部门绩效与个人绩效相结合。企业在设计绩效激励机制时，要考虑企业绩效目标达成情况，部门绩效目标达成情况，以及个人绩效目标达成情况。简单来说，就是员工个人的绩效奖金要和企业业绩、部门业绩及个人业绩的达成情况挂钩。例如，有些大企业就规定员工绩效奖金发放的前提是企业全面达成了绩效目标。那么，如何将企业的绩效目标与部门、个人的绩效目标相结合呢？一个有效的办法是将绩效奖金分成公司奖、部门奖和个人奖，公司奖与企业的绩效目标达成情况挂钩，部门奖与部门绩效目标达成情况挂钩，个人奖与个人绩效目标达成情况挂钩。如此一来，每个人都会关心企业的绩效目标能否达成，大家都愿意为企业绩效目标的达成贡献一份力量，从而增强员工的向心力和凝聚力。同时，部门之间的协作和协同效率也会提升，有效避免了部门之间恶性竞争和互相抱怨。部门奖的多少要看本部门的绩效目标达成情况，没有达成绩效目标的部门，则没有部门奖；个人奖同理。对于公司奖、部门奖和个人奖所占的比例，企业可以结合自身业务特点及所处的发展阶段进行科学设计。

这里要注意一点，有些企业没有把奖金分成不同的部分，而是把企业、部门及个人的绩效目标达成情况转化为对应的系数（员工个人的绩效奖金 = 绩效奖金基数 × 企业系数 × 部门系数 × 个人系数），如果某个层面的目标达成情况不好，则系数为零。

我有个企业客户这样实施后发现，如果到月中企业整体的绩效目标达成情况堪忧，公司系数大概率会为零，本月的绩效奖金就没有了，这时员工下半月会放弃努力，或者开始为下个月的业绩达成做准备，如把销售合同推迟到下个月再签。而下个月员工同样会分析企业与部门绩效目标的达成情况，如此一来激励效果全无，甚至会有负作用。

　　原则三，将短期激励、中期激励和长期激励相结合。短期激励的目的是体现激励的及时性，员工做出业绩后企业立即给予对应的奖励，以提升员工的工作激情和动力；长期激励的目的是留住企业需要的人才；中期激励则两方面的目的都有。我曾遇到过一家企业，其员工的绩效奖金全部集中在春节前发放，导致春节后部分人才流失，因为猎头公司会集中在春节后挖人才。后来，该公司重新设计了绩效激励机制，调整了激励兑现的节奏，增加了长期激励，如股权激励、期权激励等，这样就避免了部分人才流失。

　　原则四，岗位价值与绩效系数相结合。实务中，有些企业的绩效管理存在**"员工多做多错，少做少错，不做不错，最终做得多扣得多"**的情况，从而导致员工不愿意多做事。那么，如何避免这种情况呢？将岗位价值和绩效系数相结合是个有效的办法。对一直做得多的岗位，企业进行岗位再设计和岗位再评估，提升岗位价值系数，这样即使"做得多扣得多"，员工拿到手的奖金也不会少。在绩效管理中，岗位价值一般是根据岗位的工作难度与工作量等评估出来的。一般来说，岗位工作越难，工作量越大，岗位价值就越高。例如，A 岗位工作难度高、工作量大，岗位价值自然大，绩效奖金额度也高，如最高 90 000 元，即使 A 岗位员工犯了错，考核系数只有 0.6，到手的奖金也有 54 000（90 000×0.6）元；B 岗位工作难度低、工作量小，岗位价值自然小，奖金额度也低，如最高 30 000 元，即使 B 岗位员工不犯错，工作再优秀，绩效系数提到 1.2，其最终到手的绩效奖金也只有 36 000（30 000×1.2）元。

　　实务中，一些企业的岗位价值评估结果没有随着企业内外环境及岗位工作内容的变化而变化，导致岗位价值与企业的实际情况严重不符。企业的岗位价值评估应该实施动态管理，一旦岗位的工作内容有较大变化，岗位价值和绩效系数就要随之调整。

绩效系数是指根据绩效分数（绩效考核结果）和绩效等级确定的系数，具体关系如表 8-3 所示。

表 8-3　绩效分数、绩效等级与绩效系数的关系

绩效分数（X）	绩效等级	绩效系数
$X > 4.5$	A+	2.0
$3.75 \leqslant X \leqslant 4.5$	A	1.5
$3 \leqslant X < 3.75$	B	1
$2 \leqslant X < 3$	C	0.5
$X < 2$	D	0

对于每个绩效等级之间的系数差，企业可以根据自身薪酬文化进行设计，如果企业的薪酬文化是重激励，则绩效等级的系数差可以相对大一些，加大绩效激励的效用；如果企业的薪酬文化重稳定性且兼顾激励性，则绩效系数的等级差可以相对小一些。

原则五，内在激励与外在激励相结合。除了外在激励，内在激励也很重要。内在激励要从企业文化、工作岗位的社会价值、工作乐趣等方面入手，结合企业的业务特点进行设计。精神激励也是一种内在激励，如企业可以授予那些为自己设定高目标并达成了的员工"进取标兵"称号，也可以设置"优秀导师"等精神奖励。通过内在激励与外在激励相结合，企业可以让员工获得精神和物质双重满足。

原则六，岗位调整、聘用政策与培训发展相结合。除了前文提到的内容，绩效激励也要结合员工的岗位调整、聘用政策与培训发展。对于确实不适合当

前岗位的员工，企业要及时调整。那么，企业如何判断员工是否适合本岗位呢？一个比较简单的办法是看员工连续几次的绩效考核结果，如果考核结果多次不合格，那么说明员工的能力与岗位不匹配，需要进行调整。对于特别优秀的人才，企业可给予晋升。晋升分为两类：职级内的晋升和职位晋升。职级内的晋升即岗位不变，工资上调。职位晋升即员工从一般岗位向主管或经理等管理岗位晋升，这类晋升先要考虑员工的绩效类别，如前文所述的绩效区分中的 A 类、B 类、C 类，只有 A 类员工才有晋升资格；然后考虑员工是否认同企业文化；最后看其是否有成为管理者的意愿，以及是否具备作为管理者的综合素质。这类晋升在程序上可以加入初选、测评、竞选、总经理审批、就职仪式等环节，必要时可以安排晋升人员参加相关培训。

原则七，设置红线。所谓设置红线，是指企业要明确告诉员工哪些事情不能做，做了会受到哪些惩罚。例如，企业要求员工在绩效考核与岗位技能测试中不能作弊，否则会被解雇，因为这能反映出员工是否具有诚信的优良品质。企业设置红线的目的是让员工对企业的管理制度有敬畏，要求员工在企业的制度下认真做事。

8.2.4　绩效激励实施的注意事项

企业在实施绩效激励时，需要注意以下事项。

首先，要明确根本目的。奖励的根本目的是激发员工的工作热情，让员工为企业做出更大的贡献；惩罚的根本目的是避免当事人与其他员工再犯同样或类似的错误，给企业造成更大的损失。基于此，企业在对员工进行激励时，要思考如何把奖励和惩罚的效果最大化。曾国藩家训中有句话："扬善于公庭，规过于私室。"引用到企业中就是，对于表现好的员工，要在大庭广众之下进行奖励，目的是多宣传，多推广经验；对于存在过失，犯错误的员工，要在私下进行教育。有些员工在面对惩罚时会表现出强烈的不满，这时企业可以让员工事先做出承诺，类似于"立军令状"，就像诸葛亮斩马谡时，马谡无话可说，因为他事先签下了军令状。

其次，要恰当降低员工的期望值。企业在实施绩效激励时，如果员工的期望值普遍较高，但企业的激励力度不够，在发放绩效奖金时达不到，甚至跟员工的期望值相差较大，那么激励效果会大打折扣。因此，在绩效奖金数额固定的情况下，企业要恰当降低员工的期望值。例如，某工厂负责人在年底召开中层干部会议，重点讲述了企业一年来经营存在的问题，如很多客户投诉产品交期延后、质量有瑕疵等，并逐一明确了责任归属部门。负责人要求各部门认真分析各自的责任和问题，尽快制定改进措施；同时强调鉴于工厂今年这个生产水平，各部门的年终奖金不会太高，希望大家明年好好努力，争取做出更好的业绩。

再次，要提升达成绩效目标的可能性。著名心理学家和行为科学家维克托·弗鲁姆（Victor Vroom）的激励理论认为，绩效目标越有意义、越有价值，达成绩效目标的可能性越大，员工所受到的激励就越强。企业要对绩效目标进行科学的设计，经实证研究发现，绩效目标达成的可能性在50%的，对员工更有激励性。如果目标定得太高，达成目标的可能性低于50%，或者目标定得太低，没有挑战性，对员工的激励效果会递减。

最后，奖励要从下往上，惩罚要从上往下。通常情况下，奖励要从下属开始，惩罚要从上司开始，这样才能提升团队的凝聚力和战斗力。正如三国时期司马懿立下的军规：士兵逃跑斩伍长，伍长逃跑斩什长，什长逃跑斩校尉，校尉逃跑斩将军。

第 3 部分

战略绩效管理体系落地

再好的战略绩效管理体系，如果不能在企业内部落地实施，也只是一幅美丽的"图画"。这样的战略绩效管理是不能真正帮助企业提升管理水平、助力企业发展的。战略绩效管理体系落地是一项非常有挑战性的工作，需要企业构建绩效文化，同时做好战略绩效管理的落地实施工作。本部分就重点介绍企业应如何做好绩效文化建设及战略绩效管理体系落地实施的保障工作。

第 9 章　企业绩效文化的建设

实务中，有些企业推行战略绩效管理的效果并不理想，要么开展不起来，要么变成了走形式，要么坚持不下去。正如我们前面讲过的，"橘生淮南则为橘，生于淮北则为枳。"为什么生长在淮南的橘子甘甜，移植到淮北就变成苦涩的枳了呢？主要的原因是土壤、水分和环境不同。绩效管理源于西方，我国企业引入绩效管理后，还需要结合企业自身经营环境与发展现状，通过总结、实践和迭代形成本企业的绩效文化，这样才能将战略绩效管理真正落地。

9.1　绩效文化的内容

英国首位女首相玛格丽特·撒切尔（Margaret Thatcher）夫人曾说："要注意你的思想，它将决定你的言辞；要注意你的言辞，它将决定你的行动；要注意你的行动，它将养成你的习惯；要注意你的习惯，它将变成你的性格；要注意你的性格，它将决定你的命运。"这里的性格是针对个体来讲的，如果引入企业，性格其实就是企业文化，很多时候，企业的命运就是由企业文化决定的。例如，华为公司近几年面对严峻的国际市场形势，依然有全新的突破和快速的发展，主要原因之一是其有着优秀的企业文化，而绩效文化又是企业文化中非常重要的一部分。

我们常说杰出的人才都有优秀的习惯，或者说优秀的习惯造就了杰出的人才，由此推论，企业绩效文化就是由企业中所有人员共同的习惯构成的。那么，习惯是怎么来的呢？它是通过员工反复的行动构成的。员工为什么会反复行动呢？核心原因是他们认识到了行动的价值，从思想上予以了足够的重视。由此可见，企业绩效文化应该由思想、语言、行动、习惯构成，其中，思想是理念层面的绩效文化，语言是制度层面的绩效文化，行动是行为规范，习惯是绩效文化的外在表现形式。

思想——理念层面的绩效文化。绩效管理必须先有理念，再有行动，理念不对则一切白费。理念层面的绩效文化主要体现在企业的绩效管理理念及创始人的思想上。例如，阿里巴巴公司领导者认为，绩效管理是将企业所有资源都聚焦于企业战略，确保战略目标实现的过程；杰克·韦尔奇认为，对于企业经营者来说，最有效的管理手段就是绩效管理；任正非则认为，为客户服务是华为存在的唯一理由，客户需求是华为发展的原动力。

语言——制度层面的绩效文化。这是指将理念层面的绩效文化以制度的形式固定下来，通过制度来落实，确保说的和做的一致。制度层面绩效文化的主体是企业的绩效管理制度等，向上联结企业的战略管理及其他相关管理制度，向下联结企业的薪酬、评优、奖惩、晋升、淘汰等相关制度。企业绩效管理制度的主要内容包含以下五部分。

（1）绩效管理的目的和原则：企业为什么要开展绩效管理，需要遵循哪些原则。

（2）绩效管理的内容：绩效管理周期、绩效考核关系、绩效管理的方法等。

（3）绩效管理的参与主体及责任：哪些人参与，在绩效管理中的责任划分等。

（4）绩效管理的操作流程：绩效管理每个阶段具体的操作步骤和执行流程。

（5）绩效管理的规则：绩效管理每一步应该遵守的规则和注意事项等。

行动——行为规范。在绩效文化中，行动的具体表现形式是行为规范，通过行为规范告诉员工，企业在绩效管理过程中倡导哪些行为，反对哪些行为等。例如，华为公司规定，不断提高和改善下属的职业能力与工作业绩，是管理者不可推卸的责任；同时，下属必须始终保持高度的参与性等。

习惯——绩效文化的外在表现形式。绩效文化的外在表现形式包括绩效管理的启动、签约仪式，绩效沟通、面谈及相关会议，绩效管理的工具表单等。而随着智能化绩效管理工具的开发与应用，很多企业优化了绩效管理流程，提高了工作效率，这时绩效管理的外在表现形式更多地体现在习惯上，如定期进行战略升级及战略解码，让管理者和员工养成定目标、定计划、定期复盘、持续改进的习惯等。

9.2　绩效文化建设的目的

企业开展绩效文化建设的主要目的如下。

首先，培育适合战略绩效管理生长的"环境和土壤"。只有"环境和土壤"合适，战略绩效管理才能在企业落地生根，助力企业发展；否则，战略绩效管理会变成单纯的绩效考核，或沦为形式主义。

其次，让战略绩效管理在企业执行不再是难题。通过绩效文化建设，企业可以明确战略绩效管理的要求，让全体员工认识到战略绩效管理的重要性，知道哪些行为可以发生、哪些行为要回避和杜绝，并引导员工将规定动作变成习惯。有了绩效文化护航，战略绩效管理可以在企业长期有效地实施下去。

最后，持续赋能业务发展和驱动员工成长。优秀的绩效文化有利于企业各部门、各团队养成定目标、定计划、定期复盘、持续改进的好习惯，在促进企业整体业务持续发展的同时，驱动员工快速成长。

9.3　绩效文化建设的七大要素

为了促进企业战略目标达成，助力企业稳健发展，企业应建立优秀的绩效文化。企业绩效文化建设主要涉及以下七大要素。

（1）**平等**。在绩效管理过程中，企业要给予员工与管理者平等沟通的机会，只有将员工与管理者处于平等的位置，双方才能深入沟通和交流，才能深入对话。

（2）**目标和承诺**。目标是要求，是方向，也是一种责任。工作必有目标，包括战略目标、年度目标、季度目标、月度目标等，企业要增强员工的目标感，激发员工不达目的不罢休的韧劲儿。承诺主要指员工对自己承担的绩效目标和为了达成目标要执行的行动所做出的承诺，很多企业会在绩效目标确定后举办一个目标确定仪式或《绩效合约》签订仪式，这类仪式本质上就是一种公众承诺，签约人承诺自己会竭尽全力达成目标。社会心理学认为，人们对自己当众承诺的事，会全力以赴去完成。

（3）**制订计划**。通过制订计划，管理者和员工可以先将目标达成的过程在心里、头脑里预演一遍，然后在纸面上呈现出来，以做到胸有成竹。因此，企业要让管理者和员工养成制订工作计划的习惯，以确保目标的达成。有了计划，一切工作才会更有序，管理者和员工遇到突发情况时才能从容应对，及时拿出应对措施。

（4）**复盘与持续改进**。复盘就是在事情结束后将原来走过的路在心里或者纸面上再走一遍，总结与分析成功的经验和失败的教训。通过复盘，企业可以避免重复犯错，也可以更加清晰地了解团队及团队成员的优势和不足，让未来的团队任务分工更加合理。持续改进是绩效管理的核心思想，曾有位知名企业家用"有问题改进问题，没问题提升目标"来定义持续改进。通过复盘与持续改进，企业的绩效管理会越来越高效。

（5）**追求卓越文化**。在绩效管理过程中，员工常会抱怨："企业为什么总是提高任务目标？什么时候才能到头？"甚至有些员工干脆躺平了，因为他们觉得目标定得这么高，他们根本达不到。阿里巴巴公司指出"今天的最好成绩是明天的最低要求"，以此向员工提出不要满足于现状，要持续精进，不断追求高目标的要求。一个企业只有塑造这种追求卓越的企业文化，员工才能更好地接受并不断提升自己的任务目标。企业要发展、要进步，股东希望获得更多的回报，员工希望获得更高的报酬，客户希望获得更好的服务，这些都需要企业通过塑造追求卓越的企业文化，不断提升绩效目标来实现。

（6）重激励。重激励是指拉大激励差距。我们常说企业 80% 的价值是由20% 的优秀人才创造的，因此激励政策也会向优秀人才倾斜。有些企业为求稳，对每个员工的激励都一样，即使有差别也不大，这样的激励看似公平，实则是对优秀员工最大的不公平，因为他们为企业创造的价值远大于普通员工。这种激励政策会打击优秀员工的工作积极性，其他人的工作动力也会减弱。而在重激励政策下，优秀员工会在下一个绩效周期更加投入地开展工作，其他人的工作动力也会增强，因为他们也想获得更多的奖励。如此，整个团队会更加努力进取，达成更高的绩效目标。

（7）形成"能上能下"的选人、用人机制。企业的经营环境是不断变化的，处于不同发展阶段的企业，需要的人才类型是不同的。这就涉及企业选人、用人，员工升职、降职、调职等问题。通常，员工会乐于接受升职，不容易接受降职。这种情况下，企业要形成科学的"能上能下"的选人、用人机制，营造和谐的工作氛围，让员工知道这次"下了"没有关系，及时总结经验教训，着力提升自己，以后还有升职的机会；或者向员工证明现在的岗位与其能力不匹配，为了让员工有更好的发展，企业会安排其调岗或调职等。

9.4　绩效文化建设与落地五步法

　　我们经常感叹要改变一个人的习惯很难，而建设与落地企业绩效文化不是改变一个人的习惯，是要改变一群人的习惯。因此可以说，企业绩效文化建设与落地是一项长期、复杂、充满挑战性的工作，企业需要做出周密的计划和细致的安排。我们团队结合多年的咨询服务与实践经验，把建设与落地企业绩效文化分为五个步骤，如图 9-1 所示。

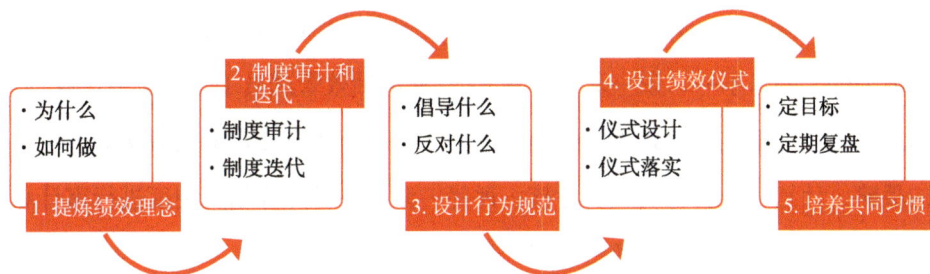

图 9-1　绩效文化建设与落地五步法

　　第一步，提炼绩效理念。企业应结合自身实际，特别是创始人或"一号位"人员的思想和理念，提炼出属于本企业的绩效理念，并宣传推广。企业提炼绩效理念，一方面，要强调绩效管理的重要性，如某世界 500 强企业的绩效理念是"企业管理＝绩效管理"；另一方面，要考虑如何做好绩效管理，包括如何设定绩效指标和目标、如何做工作计划和过程辅导、如何进行绩效考核和绩效面谈等，相关理念如"没有目标是危险的，目标能为你的工作指明方向""成功是计划出来的""没有过程的精品，何来结果的精品"等。

绩效理念提炼完成后，企业要向全员贯彻这些理念。首先，企业要通过宣讲或其他方式让全体员工记住绩效理念。其次，企业要将绩效理念融入相关案例中，组织员工学习。最后，企业要在绩效管理的不同阶段，有针对性地反复强调绩效理念，如在企业目标制定阶段，多宣传和强化关于目标的理念；在计划阶段，多宣传和强化关于计划的理念等。这样随着绩效管理的实施，绩效理念就会逐步深入人心。

第二步，制度审计和迭代。实务中，有些企业的绩效理念与企业管理制度不一致，例如，企业认为绩效管理非常重要，要重点奖励业绩优秀的员工，结果却把"优秀员工"的荣誉称号授予了在绩效考核中业绩一般的员工，这就成了典型的"心口不一，说一套做一套"，这样的绩效管理员工是不可能信服的。因此，企业的绩效理念必须与管理制度相一致。企业应结合绩效理念对本企业的战略、计划、经营、绩效、考核、评优、激励、晋升等相关制度进行审计和迭代，确保绩效理念的贯彻与落实。

第三步，设计行为规范。绩效理念除了与制度相一致，还要落实到行动上，企业可以通过设计行为规范来保证绩效理念的落实。企业要明确哪些行为是提倡的，哪些行为是被禁止的。例如，某企业的行为规范中就注明"部门制定目标必须充分听取员工的意见，杜绝闭门造车""绩效考核允许员工提出不同意见"等。有了这些行为规范，企业不但可以将绩效理念落实到员工的行动上，还可以指导管理者的日常管理动作，同时让员工监督管理者的管理工作。

第四步，设计绩效仪式。绩效仪式包括绩效启动、签约及奖励发放仪式等。企业设计绩效仪式的目的是让员工有仪式感和参与感，同时体现出企业对绩效管理的重视程度。好的绩效仪式可以让员工感受到绩效管理的正规性、严肃性和庄重性。

　　第五步，培养共同习惯。绩效文化的本质是通过绩效管理制度的强制或激励，促使企业管理者及员工养成共同的行为习惯。因此，企业绩效文化建设最终要落在企业全员共同行为习惯的培养上，如定期开展目标分解、计划制订、复盘等重要工作，这些都有利于企业管理者和员工养成共同的行为习惯。

第 10 章 战略绩效管理体系落地的保障

战略绩效管理是提升企业管理水平的重要抓手，更是实现企业战略目标的重要手段。战略绩效管理体系从建设到落地执行，并非一朝一夕的事情，需要经过体系设计、搭建、审核、实施和不断改进等复杂的过程，在这一过程中，企业要不断提升自身管理的科学化、精益化和规范化水平，为战略绩效管理体系的落地执行提供保障。

10.1 战略绩效管理失败的原因

战略绩效管理是一个具有挑战性的课题，企业在执行战略绩效管理的过程中，可能会遇到各种各样的问题，一旦应对不及时或处理不当，就会影响战略绩效管理的执行进程，甚至导致战略绩效管理体系落地失败。概括来说，企业战略绩效管理体系落地失败主要有以下几方面的原因。

第一，企业不够重视，没有把战略绩效管理当作一项重要工作去对待，如企业准备不足，没有组建战略绩效管理团队，没有制订执行计划等，这样的战略绩效管理注定会失败。

第二，企业"一把手"没有参与。战略绩效管理是"一把手工程"，企业"一把手"必须亲自参与体系搭建、战略制定及决策等工作，对于重要部门及管理者的绩效指标，"一把手"要参与设计和讨论，只有这样，才能让全体员工感受到企业对绩效管理工作的重视程度。

第三，管理团队的意志和决心不坚定。由于战略绩效管理涉及企业所有部门和团队成员的利益，因此在落地与执行过程中，可能会出现一些难以解决的矛盾和问题，这时若企业执行战略绩效管理的决心不坚定，就容易放弃。战略绩效管理体系要想真正落地执行，企业管理团队的意志和决心一定要坚定，绝不能遇到困难就退缩，同时，管理团队要做好充分的准备和周密的执行计划。

10.2　战略绩效管理体系落地六步法

为确保战略绩效管理体系成功落地，企业要科学地设计执行步骤与流程。总体来说，战略绩效管理体系落地可分为六个步骤，如图 10-1 所示。

图 10-1　战略绩效管理体系落地六步法

第一步，精心准备。我们常说："不打无准备之仗，方能立于不败之地。"首先，企业要从根本上重视战略绩效管理工作，深入分析可能会遇到的风险和阻碍，并制定相应的对策。精心准备分为组织准备和业务准备。

组织准备是成立实施小组，企业"一号位"任组长，为战略绩效管理体系的落地实施提供权力保障和资源保障；战略发展部、企业管理部、人力资源部的分管副总或部门经理任副组长，负责具体的实施工作；营销部、市场部、销售部、生产部、财务部等部门的核心岗位人员任组员。

业务准备是指实施小组先对未来工作中可能遇到的挑战、问题和障碍逐一进行分析，然后在此基础上编制详尽的实施计划。

第二步，宣传造势。任何一项管理体系与制度的建立，都会有人反对、有人支持，还有一些人持中立态度。宣传造势的目的是让企业全体员工明白战略绩效管理的意义与重要性，在企业中塑造共同的战略目标，通过相同的价值理念来激励员工努力工作。宣传造势的方式有很多种，如主题宣讲、专题培训、知识竞赛、演讲比赛、辩论赛等，企业可以选择合适的方式进行宣传。我曾辅导过一家企业，该企业就采用了辩论赛的方式给战略绩效管理宣传造势，辩论题目是"战略绩效管理的实施对企业有利还是对员工有利"，正反两方围绕这个题目在台上展开了精彩的辩论，而台下众多管理者和员工听到的是，"实施战略绩效管理，既对企业有利，也对员工有利"。

第三步，试点，变未知为已知。试点是指选择一到两个团队试推行战略绩效管理。试点的目的有以下几方面。

一是变未知为已知，减少战略绩效管理过程中的风险，降低试错成本。

二是积累员工信任。企业绩效管理制度与激励政策确定后，员工可能会怀疑企业是否会按照制度和政策执行、是否会及时发放奖励等。实务中有些企业由于效益不好，存在不按时发放薪资的情况，这时实施绩效激励，员工可能会不为所动，因为员工已经对企业失去信任了，认为企业连薪资都不能按时发放，又怎能按时发放绩效奖励呢！通过试点，企业可以让员工看到，企业会全面贯彻并严格执行绩效管理制度和激励政策，只要大家提高工作效率，达成绩效目标，给企业创造价值，就可以拿到奖励，个人收入会得到明显提升。

三是经验分享。企业可以在内部公开试点团队实施战略绩效管理的情况，安排试点团队给其他团队分享经验，同时指出存在的问题，然后大家针对这些问题进行分析和讨论，制定应对措施，为企业全面推行战略绩效管理做好准备。

第四步，跟踪检查与强化。在战略绩效管理实施过程中，企业要做好跟踪检查工作。我曾服务过一家企业，在该企业实施战略绩效管理的过程中，有人提出某岗位的绩效指标制定得不合理，然后又放大到多个岗位的绩效指标不合理，最后企业经过深入分析发现是评分标准不合理，而非绩效指标不合理。没有百分之百完美的方案，战略绩效管理在实施过程中难免会出现一些问题，对此企业要做好跟踪检查工作，发现问题后及时沟通，及时解决。通过跟踪检查，企业可以帮助管理者和员工一次性把工作做对，朝着正确的方向前行，少走弯路。对于做得好的团队和个人，企业要进行强化，及时树立标杆，号召其他人向标杆学习。企业可以对标杆团队和个人进行奖励，并请其分享成功经验。

第五步，固化并推广。战略绩效管理实施一段时间后，企业要及时总结经验，形成固定的、符合企业自身特点的操作流程和方法，然后将这些流程和方法在企业中固化并推广，让企业管理者和员工形成固有的绩效行为习惯。

第六步，持续改进。正如前文所讲，战略绩效管理体系的核心思想是持续改进，企业应把流程和制度的建设导入战略绩效管理的循环中，通过战略绩效管理循环去持续改进流程和制度。

10.3　战略绩效管理的良性循环

企业战略绩效管理从落地实施到形成良性的绩效管理循环，需要一个长期的过程，大概三至五年的时间。在这个过程中，可能会出现一些阻碍绩效管理进程的因素，对此企业要及时做出应对，保障并促进战略绩效管理的良性循环。

10.3.1　阻碍战略绩效管理进程的因素

实务中，阻碍战略绩效管理进程的因素有很多，如绩效指标逐步演变、过程管控逐渐松懈、考核不能严格按标准执行、激励不能按时或足额兑现、绩效面谈走"过场儿"等，具体如下所述。

第一，绩效指标逐步演变。战略绩效管理实施一段时间后，大家会逐渐意识到哪些绩效指标完成起来有难度，可能会被扣分，进而影响绩效奖金。这种情况下，有些部门或团队可能会自觉不自觉地剔除掉难且有价值的指标，增加简单的、没有挑战性的指标。

　　表 10-1 和表 10-2 是某集团公司财务总监岗位绩效指标最初确定和循环执行三个季度后的变化，从中可以看出，该公司最初定的财务总监岗位的绩效指标价值较高，完成起来有难度，经过三个季度的战略绩效管理循环后，该岗位的绩效指标有了变化，完成难度降低了，价值也明显降低了。

表 10-1　最初定的绩效指标

序号	绩效指标	指标界定	权重	评分标准
1	资金周转率			
2	综合税负			
3	全面预算管理执行率			

表 10-2　三个季度后的绩效指标

序号	绩效指标	指标界定	权重	评分标准
1	年度审计不合规数			
2	年度预算执行率			
3	融资计划完成率			

　　该公司财务总监岗位的绩效指标前后之所以有如此大的变化，主要是因为在战略绩效管理循环过程中，多位财务总监认为资金周转率、综合税负、全面预算管理执行率这三个指标任务完成起来有难度，考核压力太大，故强烈要求降低难度，公司不得已做出了让步。要知道，这种现象不仅会"传染"，甚至会蔓延，最终导致的结果是各部门和员工绩效指标的价值逐步降低，管理者和员工的绩效考核分数都挺高，但公司的整体业绩和发展却没有进步。

第二，过程管控逐渐松懈。战略绩效管理的根本目的是提升组织和个人绩效，助力企业发展，实现战略目标。那么，如何提升组织和个人绩效呢？除了绩效指标的牵引和绩效激励，过程管控中的检查、反馈、沟通、培训和辅导也是非常重要的。这也是企业战略绩效管理团队的重要职责。严格的过程管控不仅有利于提高企业的管理水平和业务水平，还有利于提高员工个人的工作能力和技术水平，从而提高企业的整体绩效水平。过程管控是一项费时费力的工作，会消耗企业管理者及相关负责人大量的时间和精力，这时可能会出现"偷懒"的情况，即企业管理者及相关负责人放松对战略绩效管理实施过程的管控，认为"差不多就行"。切记，管理上放松一寸，员工就可能在执行过程中放松十寸，员工的个人绩效和企业的整体绩效都不会有所提升。如前文所述，谷歌公司在 2022 年推出了 GRAD（谷歌员工评价与发展），其中特别强调了反馈的重要性，而反馈是过程管控的重要环节。谷歌公司推出 GRAD，就是为了弥补管理者在长期过程管控工作中的不足。

第三，考核不能严格按标准执行。在战略绩效管理中，企业要制定科学的绩效考核标准，并严格按照标准对各部门及人员进行考核。企业只有严格执行绩效考核标准，才能保证战略绩效管理的刚性和严肃性。但在实际操作中，总有企业做不到这一点，有些管理者会依据自己的主观判断来给被考核者评分，这样的评分方式缺乏事实依据，会破坏绩效考核和绩效管理的公平性与权威性，最终导致战略绩效管理执行不下去。

第四，激励不能按时或足额兑现。从本质上讲，企业与员工是雇佣关系，员工按时、按要求完成工作后，企业要按时、足额支付薪酬，这也是双方的一种承诺。如果员工兑现了自己的承诺，即按时、按要求完成工作，达成了业绩目标，企业却不能按时或足额支付对应的薪酬和奖金，就会严重损害企业的信誉和公信力，企业会因此失去员工的信任。如果企业确实因为现金流紧张或其他原因不能及时、足额支付员工的薪酬和奖金，应该提前向员工说明，做好沟通工作，争取员工的理解。

第五，绩效面谈走"过场儿"。绩效面谈是企业管理者根据员工一个绩效周期的工作表现、成绩和不足，与员工进行沟通、确认和反馈，然后和员工共同制订改进与成长计划的过程。绩效面谈是企业帮助员工进步和成长的重要抓手，在绩效面谈过程中，管理者可以先对员工的工作表示肯定，然后再指出员工工作中的问题并提出改进意见，这也是对员工的一种尊重。绩效面谈是一项具有挑战性的工作，实务中有些企业的管理者在和员工进行绩效面谈时，要么准备不充分；要么对员工的工作不了解，不能准确评价员工工作的优劣，也无法指出员工工作中存在的问题等，这样的绩效面谈如同走"过场儿"，员工不愿意配合，企业也无法就绩效结果与员工达成一致意见。走几次"过场儿"后，管理者和员工都会觉得这样的绩效面谈无用，纯属浪费时间，最终导致绩效面谈执行不下去。

10.3.2　战略绩效管理体系的成功落地与良性循环

对于战略绩效管理，企业要设立组织部门，通过定期检查及时发现存在的问题，帮助并督促相关部门和员工及时改进；对于反复出现的问题，企业要组织开展培训，有针对性地进行训练，以彻底解决问题，确保战略绩效管理行驶在正确的轨道上，不偏航。除此之外，战略绩效管理的组织部门还要做好以下五方面的工作，以保障战略绩效管理体系的成功落地与良性循环。

第一，战略解码要常态化。战略解码是战略绩效管理的重要组成部分，很多企业把战略解码理解为一次性工作，做完就结束了，这样的理解是错误的。如同轮船行驶在汪洋大海上，即使有明确的目的地和航向，也需要瞭望手和舵手密切配合，瞭望手发现冰山后，舵手要及时调整航向，避开冰山。战略解码不是一成不变的，企业需要根据经营环境的变化及时做出优化和调整，即企业的"瞭望手"和"舵手"要密切配合，及时发现并避开"冰山"。在市场多变的环境中，企业可以选择按季度或每半年做一次战略复盘，目的是及时跟进、更新和迭代战略，保证战略和企业的内外部环境相契合，使企业把握住市场新机遇。对于更新后的战略，企业要重新进行解码，将战略转化为绩效指标和目标，保证绩效管理与战略目标一直处于对齐状态。

第二，既要有目标，也要有计划。 实务中，有些企业会通过绩效合约的方式对员工进行绩效管理。表 10-3 和表 10-4 是两张不同的绩效合约表。表 10-3（绩效合约表 I）的主要内容包括关键绩效指标、权重、目标值、评分方法 / 指标描述、数据来源、评分标准等，该表只明确了目标，没有明确达成目标需要做什么、什么时候做等，即没有明确的计划。计划是非常重要的内容，没有计划的绩效合约是危险的，会导致战略绩效管理的失败。表 10-4（绩效合约表 II）是一份优秀的绩效合约表，其不但有目标，同时明确列出了达成目标的计划。通过这张表，员工可以清楚地知道企业对自己的要求，以及自己在什么时间要做什么事，做到什么程度才能达成目标等，从而提升员工达成目标的自信心。

表 10-3　绩效合约表 I

金额单位：万元

类别	姓名	部门	岗位	
被考核人	× ×			考核周期：年度
考核人	× ×			监控周期：季度

（续表）

序号	关键绩效指标	权重	目标值	评分方法 / 指标描述	数据来源	评分标准
1	质量异常损失额	25%	30	质量异常损失额包括生产过程中的质量损失额、客户索赔额、维修费及差旅费等	项目部	1 分：$[40, +\infty)$ 2 分：$[35, 40)$ 3 分：$[30, 35)$ 4 分：$[25, 30)$ 5 分：$[0, 25)$
2	交货期达成率	25%	92%	交货期达成率 =（按期完工订单数 ÷ 全年订单数）× 100%	ERP	1 分：90% 以下 2 分：90%（含）~92% 3 分：92%（含）~94% 4 分：94%（含）~95% 5 分：95% 及以上
…						
否决指标						

第三，过程管控是关键。 过程管控是战略绩效管理中非常重要但又容易被忽视的环节，做不好过程管控，会导致企业战略绩效管理失败。企业可以通过检查、反馈、辅导、召开绩效会议等方式加强战略绩效管理的过程管控，一旦发现偏差，企业要及时修正，以确保战略目标的达成。

召开绩效会议是过程管控的主要方式之一，其看似简单，实则非常考验企业管理者的管理能力和管理技巧。实务中，很多企业的绩效会议都是无效的，主要原因如下：

表 10-4　绩效合约表 II

部门：×× 事业部　　岗位：×× 　　姓名：×× 　　时间：202× 年第一季度

编号	关键绩效指标	权重	目标值	目标界定	评分标准	计划		
						做什么	须达成的目标	日期
1	销售收入（单位：万元）	60%	10 000	销售收入的计算以本季度回款额为准	1分：[0, 5 000] 2分：(5 000, 8 000] 3分：(8 000, 11 000] 4分：(11 000, 13 000] 5分：(13 000, +∞)	1. 组织行业会议，或到客户方、设计院等单位进行产品技术未优势及特色讲解，共计50场 2. 组织营销人员开展产品说明会3场，协助销售人员拿下销售订单5次	得到20家相关单位和客户的认可	3.25
							订单金额12 000万元	3.31
2	大客户数（单位：个）	40%	6	季度采购量超过500万元的客户数	1分：[0, 2] 2分：[3, 5] 3分：[6, 8] 4分：[7, 9] 5分：[10, +∞)	1. 从客户中甄选高潜客户（采购量加大的客户） 2. 拜访10个高潜客户 3. 与客户签订战略合作协议	选出20个高潜客户	1.15
							高潜客户的采购量提高20%以上	3.31
							与6个客户签约	3.31

（1）会议准备不充分；

（2）会议议题不明确，会上以批评、说教为主；

（3）会议主持问题多，或一言堂，或跑题；

（4）没有会议记录，没有形成决议；

（5）会后没有跟踪。

无论是开展绩效检查，还是召开绩效会议，企业都要形成绩效精进清单，然后根据绩效精进清单做好跟踪管理工作，逐步形成持续改进的习惯。

第四，加强绩效考核与激励。 绩效考核与激励是战略绩效管理循环中重要的环节，实务中有很多企业只管理不考核，最终导致战略绩效管理无疾而终。我曾对一些企业做过调查，企业缺少绩效考核环节，战略绩效管理最多推行两个周期，员工普遍认为，"既然没有考核，干得好坏、干得多少薪资都一样，我为什么要多干，让自己那么辛苦呢？"没有绩效考核也就没有激励的依据，很多优秀的企业不但非常重视绩效考核与激励，对业绩突出的员工的激励还会超出他们的预期，以吸纳和留住更多优秀的人才，助力企业快速发展。

第五，及时复盘。 这里的复盘主要指绩效目标达成情况的复盘。复盘的主要目的是改进，在企业中，每个部门和每个团队都应分阶段对自身的绩效目标达成情况及目标达成措施的有效性进行深入分析，总结成功经验，发现存在的问题并及时改进。复盘通常分为定期复盘和不定期复盘，定期复盘如按月、按季度或每半年做一次复盘；不定期复盘即企业根据经营情况及战略绩效管理的执行情况安排复盘，时间不固定，如每次重大项目完成或重大事件处置工作结束后的即时复盘。

通俗来讲，复盘就是让相关部门和团队把战略绩效管理走过的路一起回顾一遍。复盘的核心步骤如下所述。

第一步，明确差距： 回顾目标，对照目标找差距，即实际完成情况与目标之间的差距，如市场部季度销售目标为 1 000 万元，仅达成 60%，那么差距就是 400 万元。

第二步，分析原因： 差距产生的原因既有主观的，也有客观的，对此企业要做出深入分析，制定相应的策略。差距产生的主观原因包括销售团队进取心不足，仅关注老客户，对新区域和新客户的开发力度不够；关键区域市场一直没有打开等。客观原因包括市场环境不好，竞品较多，竞争激烈等。很多企业会在分析完原因后马上讨论改进措施，这其实远远不够，这样的复盘不痛不痒，相关部门和团队不会有深刻的印象。要想提高复盘的质量和效率，企业必须重视下一步，即"问题深挖"。

第三步，问题深挖： 对差距产生的原因进行深入挖掘和分析。例如，针对销售团队进取心不足的问题，重点分析是人为原因造成的，还是制度原因造成的。如果是人为原因造成的，要进一步分析是员工个人不够努力，还是管理者能力不足，有没有改善的可能等；如果是制度原因造成的，要进一步分析是哪项制度有问题，应该如何进行优化等。针对关键区域市场一直没有打开的问题，重点分析是方法错误、资源投入不足等原因造成的，还是团队努力不够。

第四步，制定改进措施： 通过深挖原因、问题分析，企业基本上可以找到差距产生的根因，并在此基础上制定有效的改进措施。改进措施的内容应该包括企业需要改进的项目、执行时间、相关负责人及需要达成的结果等。

第五步，跟踪闭环： 最后，企业要对改进措施的执行情况进行跟踪管理，确保执行到位，达成目标。

　　企业除了对战略绩效目标的执行过程和达成情况进行复盘，还要及时对战略绩效管理体系本身进行复盘，这也是企业最容易忽视的一项工作。这项工作对战略绩效管理体系在企业中的成功落地起着至关重要的作用。每个战略绩效管理周期结束后，企业要及时对本周期战略绩效管理执行过程中存在的问题、痛点和卡点进行梳理、分析和解决，以确保战略绩效管理体系在下一个周期更高效地运行。

10.4　战略绩效管理体系落地案例

　　刘某自大学毕业就在 A 公司从事人力资源和行政管理工作，他从基层做起，经过多年的磨炼，如今已晋升为公司人力资源部经理。刘某聪明能干，一路走来，他力求每次任务都圆满完成，在职期间，他还攻读了国内某知名大学的 MBA。

　　刘某所在的 A 公司已成立十多年，业务虽然发展得不错，但公司的管理水平不太高，主要靠经验管理，"人治"风气较为普遍，很多员工的工作作风懒散，工作效率不高，团队的整体执行力较低。为了改变管理现状，提升公司的整体管理水平，实现管理现代化，公司决定推行战略绩效管理，并委派刘某负责这项工作。刘某接到任务后，从人力资源部中挑选人员组建了战略绩效管理变革小组

（以下简称变革小组），自己任组长。

　　经过反复研讨，变革小组制定了战略绩效管理推行方案，并聘请外部专家进行理论讲解和答疑，以引领大家统一思想，统一认识。随后，刘某组织变革小组对公司的整体战略进行解码，将公司的战略指标层层分解并落实到各部门、各员工头上。按照原定计划，刘某需要组织各部门经理和主管级以上人员开会，说明公司推行战略绩效管理的意义和价值，充分讨论绩效指标，同时说明推行方案实施过程中的注意事项。可是，真到开会时，出勤率不足60%，有的部门经理表示太忙，没有时间参加会议；有的部门经理在异地出差，无法赶回；还有的部门经理会没开完就离开了，说是有急事要处理等。会上，刘某非常认真地讲解自己精心准备的PPT，但他在讲的过程中发现，大多数人都没有认真听，有人一直低头看手机；也有人是带着笔记本电脑来的，边听边处理自己手头的工作；还有人在会上交头接耳。刘某讲解完后，希望大家踊跃提问，但大家都没有回应，足足冷场了三分钟，有人提出"现在没有问题，回去好好思考一下，有问题在群里也可以讨论"，就这样，会议草草结束了。

　　战略绩效管理正式实施后的第二周，刘某向各部门收取工作计划和绩效指标说明书，他发现有几个部门提交的计划很笼统，太空洞，指标也不具体。为了加强管理，提高执行效率，刘某想到了一个办法，他对变革小组的工作进行了分工，责任到人，每人负责1~2个部门，分别跟进各部门的绩效执行情况并给予辅导，同时要求各部门经理、主管及主要岗位人员签订《绩效合约》。就这样执行一段时间后，刘某发现公司的管理水平不仅没有提升，还出现了很多新问题：首先，变革小组是由人力资源部的人员组建的，人力资源部和其他部门是平行部门，一些重要部门对变革小组的工作不太支持，配合度不高，导致变革小组的工作到处碰壁，无法对战略绩效管理的执行情况进行有效监督；其次，不少部门的管理人员和员工对绩效考核不满，特别是第一轮考核，很多人对自己的分数不满意，他们认为自己的工作非常辛苦，任劳任怨，结果绩效分数却不高，而有些人好像没做什么，绩效分数却不低。于是，在签订第二轮《绩效合约》时，有的部门偷偷修改了绩效指标，也有部门修改了绩效目标和评分标准，目的是在下一轮考核中拿到高分。

由于战略绩效管理在实施过程中问题频发，公司高层对推行战略绩效管理的决心有所动摇，刘某及变革小组的全体成员陷入了沉思。

上述推行战略绩效管理的案例无疑是失败的，有些企业可能会从中找到自己的影子。通过认真分析，我们可以发现该公司战略绩效管理之所以不能落到实处，原因主要有以下几方面。

第一，部门定位错误。战略绩效管理是企业战略落地执行的重要载体，企业战略的解码、战略目标的分解是绩效管理的源头，这项工作应该由公司董事长或总经理亲自负责，战略绩效管理变革小组应该由公司高层组建，由公司董事长或总经理担任小组组长，这样才能为战略绩效管理变革的成功提供足够的权力和资源保障。在落地实施阶段，公司董事长或总经理应参与到主要部门和人员的绩效指标设计、讨论中。而人力资源部在战略绩效管理过程中，应主要承担以下五方面的责任：

（1）人力资源部是战略绩效管理体系实施的组织部门，主要负责战略绩效管理体系的组织设计与具体实施工作；

（2）为起到示范作用，人力资源部可以先在本部门实施相关绩效管理制度，然后在全公司推广落实；

（3）督促、检查、帮助企业各部门落地实施战略绩效管理，组织管理人员开展培训，提高管理人员的管理水平；

（4）收集、反馈战略绩效管理实施过程中的问题、难点、批评及建议；

（5）组织开展绩效考核，依据绩效考核过程和结果制订员工能力提升计划。

第二，企业全员没有统一思想、统一认识。绩效管理变革是一个复杂的工程，企业实施绩效管理变革，要有明确的目标和思路，并制订详细的执行计划和监控计划。既然是变革，就要遵循变革的规律，这样才能成功。通常来说，变革给企业带来的可能是权力的重新分配。变，意味着企业要抛弃过去习惯的管理模式和管理方式等。这就需要企业在改变之前，做好充分的宣传工作。例如，请公司董事长或总经理进行全体动员，说明公司为什么要推行战略绩效管理，以及推行战略绩效管理对公司的长远健康发展有哪些作用，以使公司管理者和员工认识到战略绩效管理对个人、部门和公司的价值，让全员统一思想、统一认识，将战略绩效管理模式固化于心。

第三，体系本身存在问题，与企业实际脱节。很多企业战略绩效管理执行不下去的主要原因是体系本身存在问题，如制度格式化、理论化，脱离企业实际情况等。为什么存在这些问题呢？主要原因是企业照搬照抄了其他企业的案例，没有将本企业的经营情况与业务特色融入进去，从而造成战略绩效管理体系脱离企业实际，不仅无法落地执行，还成了企业发展的"累赘"。因此，企业在制定战略绩效管理体系时，一定要紧密结合企业的实际情况。通常来说，企业在制定战略绩效管理体系时，应抓住主要的三点：简单、易操作、抓重点。简单、易操作是为了好上手，好实施；抓重点是为了确保有效。

第四，监督检查不到位。通常来说，企业强调什么、重视什么，就要去检查什么，如果不检查，就代表不重视。对于不被企业重视的工作，员工可能不会投入全部精力去做。企业在实施战略绩效管理的过程中，一定要加大监督检查力度，同时将检查结果与奖惩挂钩。企业要提高执行力，必须有一个既易于执行又符合企业实际的优秀战略绩效管理体系；对制度执行情况也要加大检查力度，对于发现的问题，要及时制定应对措施，让战略绩效管理体系在运行中持续改进，保障其在企业中的良性循环。

总之，对于战略绩效管理，企业要做好宣传推广工作，营造适宜的企业文化和氛围，明确战略绩效管理的作用和价值，做好战略解码，开展部门绩效指标讨论，与员工签订绩效合约，确定员工的绩效考核指标、目标值及权重等。在实施过程中，企业还要通过跟踪检查，对某些绩效指标、评估手段等进行迭代和升级，以保障企业战略绩效管理体系的成功落地与高效执行。